Les maladies de l'homme normal

GUILLAUME LE BLANC

Les maladies de l'homme normal

VRIN

Matière Étrangère

Directeur de collection :
Bruce Bégout

ISBN 978-2-7116-1886-6

A Pierre Macherey

Quel changement dans ma vie et pourtant, comme ma vie, au fond, a peu changé ! Quand je pense aujourd'hui au passé et que je me remémore les temps où je vivais encore au milieu de la société canine, un chien parmi les chiens, participant à tous les soucis des autres, je trouve, en regardant de plus près, que de tout temps quelque chose boitait ; il y avait une petite fêlure ; un léger malaise s'emparait de moi au cours des cérémonies les plus vénérables de notre peuple, et parfois même dans mon milieu familier ; non, cela n'était même pas exceptionnel, cela se produisait souvent ; le simple spectacle d'un congénère-chien qui m'était cher pouvait, vu en quelque sorte d'un autre œil, m'emplir d'embarras, de frayeur, de désarroi et même de désespoir. J'essayais de me raisonner ; des amis, à qui je me confiais, se portaient à mon aide ; puis venaient des temps plus paisibles, des temps où les surprises de cette sorte ne manquaient assurément pas, mais où je les intégrais plus flegmatiquement au reste de ma vie ; elles pouvaient peut-être provoquer en moi de la tristesse ou de la lassitude, mais elles me laissaient tel que j'étais, un chien peut-être un peu froid, réservé, anxieux, calculateur, mais tout bien pesé, malgré tout un chien normal.

Kafka

introduction : des subjectivités encombrantes

Il n'est pas facile d'écrire sur la normalité sans s'exposer au double danger d'une défense exagérée du droit, du sain, du conforme ou d'une valorisation romantique du courbe, du bizarre et du difforme. Dans le premier cas, il est permis de se demander si soutenir la normalité a un sens. Dans le second cas, il faut envisager pourquoi il est utile de prendre les choses par l'autre bord. Ce livre est une tentative pour répondre à cette deuxième question. J'aimerais, pour le dire brutalement, me livrer à une critique de l'idée d'homme normal. Et ceci sans ignorer le reproche qui est, en général, adressé à une telle revendication, à savoir qu'il s'agit d'une certaine critique artiste qui présuppose un culte romantique du déviant[1]. Il y aurait effectivement quelque chose de scandaleux à se livrer à une telle mise en question si l'enjeu était, paradoxalement, de basculer du côté d'une défense de la folie ou de la perversion. Si tel était le cas, ce travail n'aurait aucun sens. La clinique nous le rappelle. Il n'est pas aisé de dire à l'homme souffrant qu'il est dans la lumière lorsqu'il croit être dans la nuit, qu'il a une santé supérieure à celle de l'homme sain. Seulement ces souffrances prennent sens très souvent en référence à une norme.Il existe des hommes qui sont en souffrance à l'égard des normes. L'immigré qui ne peut plus faire jouer les normes

1. Christophe Dejours, « Réhabiliter la normalité ? », dans « L'homme normal », *Le passant ordinaire*, n°45/46, p. 56.

de son pays dans les normes du pays d'accueil est un étranger dont la position d'extériorité, nécessaire par ailleurs pour la cohésion même du groupe qui l'accueille [1], le situe à l'extérieur des normes [2]. Homme aberrant, anormal, il ne doit son salut qu'à la justification endogène qu'il suscite dans le groupe des hommes normaux. De la même manière, le malade tend à être stigmatisé par l'ensemble des hommes en bonne santé. Le Sida a montré combien il était difficile d'être malade sans être en même temps l'objet d'une haine sociale qui passe non seulement par un déni de reconnaissance mais par une volonté de mettre à l'écart des subjectivités encombrantes. Je voudrais placer l'homme normal sous le regard de ces subjectivités encombrantes qui se débattent dans les normes, le plus souvent non pour y échapper mais pour revenir dans leur giron. Car l'immigré et le malade aspirent désespérément à revenir dans la norme pour mieux annuler les souffrances dont ils sont l'objet. Comment ne pas comprendre que l'on ne peut que désirer la norme lorsqu'on en est séparé ? Toute la question du livre, en un sens, est de savoir d'où vient ce désir de norme qui est littéralement pris d'assaut par l'idée même d'homme normal. L'immigré et le malade désirent la norme mais la société leur oppose une figure de l'homme normal qui ne correspond que partiellement à ce désir de la norme. Et ceci dans la mesure où l'idée d'un homme normal suppose justement une violence faite à l'égard de ceux qui désirent la norme mais qui en sont séparés par toute la violence sociale. Ainsi le malade aspire à une normalité dont il éprouve le caractère défectueux dans son propre corps tout comme, de manière plus

1. Georg Simmel, « Digressions sur l'étranger », dans *L'École de Chicago*, Paris, Aubier, 1984, p. 53-59.
2. Abdelmalek Sayad, *La double distance*, Paris, Seuil, 1999.

générale, celui qui se trouve en dehors de la norme, loin de désirer rompre plus encore avec elle, aspire à la norme qui, justement, l'exclut. Il y a non seulement une exclusion de l'homme malade, de l'immigré mais il y a, comble du mépris social, un rejet du désir de normalité de l'homme malade, de l'immigré. Certains mouvements comme Act Up, Sos Racisme, permettent de revenir, de manière critique, sur les termes de ce mépris et d'envisager, sur un plan à la fois pratique et théorique, les moyens d'une véritable reconnaissance de ce que j'ai nommé les subjectivités encombrantes, et ceci sans fléchir le moins du monde sur l'idée désastreuse qu'il n'y aurait qu'une manière d'être une subjectivité. Ce livre part précisément de cette conviction qu'il existe plusieurs allures de vie. Il existe plusieurs normalités. Pour pousser le raisonnement à la limite, il faut dire que la normalité n'a de sens que subjectif. Elle désigne la cohésion minimale d'une existence, ce qui lui assure une certaine possibilité de persévérance, et ceci en dépit des souffrances qui sont les siennes. Toute existence en connaît avec la souffrance. Seulement il y a la souffrance de ceux qui s'exposent aux normes majoritaires et il y a la souffrance de ceux qui vivent jusqu'au bout leur désir de normes minoritaires et ces deux souffrances ne sont pas identiques alors même qu'il faut essayer d'en rendre compte. Il ne s'agit donc pas d'en appeler à sortir des normes. Car il n'y a aucun sens à opposer une norme et son dehors comme si au-dehors il était possible de trouver une bulle d'oxygène enfin pure. La norme admet des écarts. Celui qui s'écarte de la norme n'est, par conséquent, pas hors-norme. Il est, tout simplement, dans une position d'errance à l'égard de la norme et cette errance peut conduire à une remise en question de la norme majoritaire par la position d'une norme, forcément minoritaire, puisqu'elle est posée, dans l'ombre de la grande norme, par un sujet minuscule. Le conflit n'est donc pas entre le normal et l'anormal puisqu'il n'y a aucun sens à sortir des normes mais entre une norme majoritaire et une norme minoritaire. Ce qu'il faut penser c'est donc bien plutôt le conflit des normes qui est le fait de toute société, lequel prend nécessairement sens à partir d'une reconnaissance de la pluralité des normes. Pour le dire brutalement, il n'y a pas de normes plus normales que d'autres mais seulement des normes plus viables parce que répondant davantage aux attentes d'un groupe, réduit ou étendu et parce qu'offrant plus de facilité à ceux qui les adoptent. Une cravate n'est pas plus normale qu'un piercing, et ceci dans les deux sens. Il n'y a pas d'un côté une soumission à un code vestimentaire et de l'autre côté une exhaltation du corps sauvage. Dans ces deux cas, nous avons bien affaire à des usages du quotidien qui supposent des arts de faire différenciés, toute une ritualisation du quotidien qui correspond historiquement à une valorisation sans précédent du quotidien[1].

Ce dont il faut rendre compte, ce n'est donc plus de l'anomalie sauvage que pourrait représenter une vie anormale, une folie, une psychose, *etc.* mais bien plutôt de l'aspect créateur de la vie ordinaire. Il existe une inventivité du quotidien qui fait craquer les normes existantes, qui les détourne au profit de micro-normes qui ne sont pas nécessairement en rébellion avec les premières même si elles peuvent finir par l'être. Ces micro-normes qui répondent à des désirs subjectifs, à des formations de soi dans le récit des autres ne se retrouvent pas, loin s'en faut, dans la figure de l'homme normal. Dans ce livre,

1. Michel de Certeau, *L'invention du quotidien*, 1 : *Arts de faire*, Paris, Gallimard, 1990.

il est question de la vie ordinaire et de ses mondes, et des petites rébellions qu'elle oppose, pour rire et par esprit de sérieux, à la vison ampoulée d'un homme normal.
Il peut sembler arrogant de vouloir mettre en crise la notion de normalité en se situant du côté de la vie ordinaire. J'ai dit, au début du texte, que tout homme atteint dans ses propres normes rêve à l'homme normal. Il est possible de congédier rapidement ce rêve et de dire qu'il est produit toujours de l'intérieur d'une souffrance que la représentation de l'homme normal a contribué à engendrer. Cependant, ne faut-il pas aller plus loin et chercher à comprendre d'où vient ce rêve ? Dans la nuit, tous les rêves sont permis et il est donc possible d'opposer à ce rêve de normalité de l'homme souffrant le rêve de souffrance de l'homme normal. Drôle de rêve effectivement qui revient, l'espace d'un instant, à mettre entre parenthèses une cohésion de vie, un bonheur, pour laisser s'exprimer un frisson, une épouvante. Rêve au plus proche du cauchemar peut-être mais qui indique une chose essentielle, à savoir que toute norme adoptée est l'objet d'une trahison, d'une incorporation malgré soi. Ceci signifie que rien n'est moins naturel que l'idée d'un homme normal qui se serait révélé à soi dans des normes spontanément adoptées par les autres. En réalité, nous adoptons les normes le plus souvent à notre insu et le rêve d'une mise en question de ces normes apparaît alors comme le retour d'un refoulé primitif qui serait un usage de soi à soi et non chez les autres, scène archaïque d'un désir non encore orienté, retourné vers soi par toute une série d'interpellations externes qui le rerformulent, créant les conditions d'une identité nouvelle à l'origine de l'idée même de moi.

L'arrogance dont il est question est le propre de la philosophie. Celle-ci, note Cavell[1], se caractérise par une certaine présomption en ce qu'elle n'hésite pas à revendiquer l'existence de plusieurs mondes et qu'elle tend à produire, comme son *habitus* intime, une vision exhorbitante de l'homme. N'est-il pas, de fait, exhorbitant de s'en prendre à une notion aussi fuyante, passe-partout et en même temps incontestable que celle de normalité ? N'y a-t-il pas là une folie propre à la philosophie dont la vocation est, on le sait depuis longtemps, de nous faire prendre des vessies pour des lanternes ? Cavell propose, pour donner sens à cette arrogance, d'en revenir à l'autobiographie. Car s'il est vrai que « la philosophie a autant de raison de fuir l'autobiographie puisqu'elle prétend parler avec nécessité et universalité », inversement commencer dans l'autobiographie suppose une certaine mise en crise de l'universel qui l'ignore. C'est un fait que ma propre existence s'est toujours éprouvée en défaut par rapport à ce qui peut être tenu pour normal. La normalité exige des attitudes appropriées, des postures répondant à des attentes sociales, familiales, une adhésion des codes qui supporte mal l'errance de parcours flottants. L'homme normal, c'est d'abord cette nébuleuse qui sourd des cadres sociaux de vie, une image de la vie avant même la vie qu'il suffirait de projeter sur sa propre vie pour être dans le vrai, pour être soi-même un homme normal. De ce point de vue, toute ma vie m'apparaît comme un jeu avec la norme, ni tout à fait dedans, ni tout à fait dehors. Avoir un pied dedans et un pied dehors c'est un drôle d'exercice, jamais assuré, car on court le double risque de finir par avoir les deux pieds dehors ou les deux pieds dedans.

1. *Un ton pour la philosophie*, Paris, Bayard, 2003, p. 27-34.

Surtout : qu'est-ce qu'une vie au regard d'une norme ? Qu'est-ce qu'une vie normale ? C'est sur ce point qu'il ne faut pas lâcher l'arrogance de la philosophie corrigée par la modestie de l'autobiographie. Si elle a un sens, c'est essentiellement parce qu'elle ne cherche pas à dire ce qui est mais elle repère des intensités d'expériences, des variations, des passages. Dans ce qui est, ce qui peut être est pris en compte. Dans ce qui est, ce qui a été est pris en compte. Dans ce qui est, ce qui aurait pu être est pris en compte. La philosophie n'est pas seulement une carte du réel. Elle est aussi une carte des réels possibles, impossibles, des réels imaginés, supposés, dont elle postule qu'ils sont au cœur de toutes les vies ordinaires. Tous ces réels font des nœuds dans la réalité. Ils imposent leur intensité. C'est pourquoi la philosophie est du côté de l'intensif plutôt que du côté de l'extensif. L'arrogance de la philosophie, qu'il ne faut décidément pas abandonner, vient alors de son ton nomade, des déplacements qu'elle ne cesse de produire partout où il y a monde. Elle est une errance rationnelle non adhérente qui rend possible une enquête pas en-dessous. Si les sciences humaines ont tendance à voir les choses par en haut, la philosophie procède toujours par en-dessous. Il n'y a là nulle incompatibilité mais le signe d'un possible travail à plusieurs voix qui, parfois, forment chorus, parfois non. Voir la normalité par en-dessous c'est lui donner une claque dans le dos.

Une fois pour toutes donc, je n'ignore pas toute la souffrance dont l'origine est à chercher dans l'écart malheureux aux normes. Mais précisément, n'est-il pas temps de mettre à l'épreuve ces normes qui produisent tant de souffrances, à commencer par la première d'entre elles, l'homme normal ? Je me propose justement de voir le normal par en-dessous, du côté des souffrances qu'il cristallise. Ce livre est une tentative d'appréciation de l'homme normal du point de vue de l'homme malade. Naturellement ces catégories perdront, au fur et à mesure de l'ouvrage, leur sens initial et acquèreront de nouvelles significations. Selon Nietzsche, la maladie est un point de vue sur la vie qui permet de la voir autrement et de l'aimer différemment. Je dirai quant à moi que ce que l'on appelle trop facilement et trop rapidement les maladies sociales, ou selon une dénomination plus abstraite et finalement plus équivoque, les déviations, les déviances, les bizarreries, rend possible un certain point de vue sur la normalité, la faisant voir autrement, même si au bout du compte il n'est pas certain qu'il soit possible de l'aimer autrement. Car il y a la souffrance que la norme produit, rejetant en permanence ses éclopés dans une hypothétique cour des miracles et il y a également la souffrance d'être dans la norme. Ces souffrances ne sont pas nécessairement des maladies honteuses. D'ailleurs existe-t-il des maladies honteuses ? Elles peuvent jouer à deux niveaux : être l'occasion ou le signe d'un travail psychique, d'un certain renouvellement de soi sur lequel je reviendrai ou au contraire être le signe d'une défaite psychique, d'un désespoir de l'ordinaire[1].

Faire le tour de l'homme normal comme l'on fait le tour du propriétaire, pour mieux tracer bosses et creux, défectuosités et simples sinuosités, c'est là tout le programme. Est-il possible d'être normal autrement, c'est là il me semble, toute la question.

1. Sur ces deux aspects de la vie ordinaire, créativité et souffrance, se reporter à la réflexion d'Henri Lefebvre, notamment, *Critique de la vie quotidienne*, Paris, l'Arche Editeur, 1958, « La vie humaine peut déchoir et elle peut progresser. Jusqu'ici elle a suivi ce double mouvement : déchéance d'un côté et en un sens, progression en un autre sens » (p. 245).

chapitre premier

le jugement de normalité

Le jugement de normalité ne va pas de soi alors même qu'il est constamment utilisé. Pas une journée où je ne me surprends à qualifier un comportement d'étrange, à dire d'un agissement ou de quelqu'un qu'il n'est pas normal. D'où vient cette facilité à produire de tels jugements ? Lorsque nous disons de quelqu'un qu'il se promène dans la rue, nous décrivons une action. De même lorsque nous disons qu'il se promène nu dans la rue. Et pourtant nous n'hésitons pas à qualifier la première de normale et la seconde de pathologique. On voit très clairement qu'introduire de tels vocables c'est rapporter une qualification à une action. Cette qualification va dans le sens d'une appréciation qui attribue une qualité positive à la première action, une qualité négative à la seconde action. Elle n'a de valeur que contextuelle dans la mesure où la norme de l'action est fixée par la situation dans laquelle elle s'inscrit. Supposons que nous soyons dans un camp de naturistes et les valeurs du normal et du pathologique s'inverseront. C'est désormais le fait de se promener nu qui sera qualifié de normal et le fait de marcher habillé qui prendra une connotation suspecte. On voit très clairement, par cet exemple, que le jugement de normalité n'a pas de valeur absolue. A l'instar de tous les jugements il est lié à un arbitraire de la situation et de l'énonciation qu'il ne peut entièrement juguler. Joseph Conrad faisait dire à Kurtz, en pleine jungle, devant un Willow ébahi que « le jugement est notre échec ». Et il est vrai que tout jugement est porteur d'appréciations et est donc branché sur de la norme. Le jugement fait un avec la norme. En finir avec le jugement de normalité impliquerait donc d'en finir avec le jugement[1], ce qui est impossible puisqu'il n'y a pas de vie sans discernement, sans appréciation et par là sans un certain usage de normes.

C'est pourquoi la vie commune est truffée de références à la normalité. Déjà, quand l'enfant pose la question pourquoi, la réponse qu'il attend suppose de pouvoir conférer au phénomène interrogé une certaine normalité, une qualité qui le soustrait à l'étonnement et le dote d'une consistance qui culmine dans une régularité qui pourra être intégrée par l'enfant. La question pourquoi que l'enfant ne cesse de prononcer porte un doute sur le caractère normal de ce qui est. Et si jamais toutes ces choses n'étaient pas ce qu'elles ont l'air d'être. Le petit enfant ne connaît pas encore la norme et son pourquoi est un balai qui lui permet d'aller vite au-dessus de la terre, sans se laisser encore accrocher par les régularités qu'il commence à questionner et dont il suspecte le peu de consistance.

C'est un fait que sans y penser le terme de normal revient constamment en boucle dans nos propos au point qu'il est difficile de s'en passer. Il semble même être un *habitus* de notre manière de parler, un mot surnuméraire qui revient de manière involontaire. Cette propension à un *pathos* de la norme est même une véritable donnée de la vie commune. Elle vient vraisemblablement d'une stratégie de défense sociale qui participe tout autant d'une quête de reconnaissance que d'une volonté inconsciente d'obtenir une sanction[2]. Ces deux éléments sont eux-mêmes liés à la précarité de toute estime de

1. Gilles Deleuze, « Pour en finir avec le jugement », dans *Critique et clinique*, Paris, Minuit, 1993, p. 158-169.

2. Tzvetan Todorov, *La vie commune*, Paris, Seuil, 1995, p. 119 *sq*.

soi. Fondamentalement je ne sais pas ce que je suis et je ne peux que me tourner vers autrui pour savoir ce qu'il en est de mon être. La quête de la normalité se joue en miroir. L'autre est celui qui m'accepte ou me rejette, donne une justification à ma vie ou au contraire la projette dans les ombres d'une errance sans fin. Ainsi, je désire m'assurer de la normalité de mon existence en cherchant des signes de celle-ci dans l'estime qu'autrui a de moi mais aussi en attribuant à autrui des erreurs, des ratés dont je peux me délester par là même. L'homme normal, c'est celui qui croit à sa normalité contre la pathologie des autres, c'est celui qui attribue à l'autre la pathologie que sa propre normalité ne saurait admettre. C'est pourquoi la normalité est intimement liée à la reconnaissance. Elle est une opération de la reconnaissance de soi et d'autrui dans la distinction des "autrui", dans la distinction de ce qui relève de soi et ce qui relève de l'autre. Ce désir que sa propre normalité soit reconnue, tant à ses propres yeux qu'aux yeux d'autrui, ne va pas sans acquérir une sanction à l'encontre de celui qui est perçu comme n'étant pas dans la norme. L'attribution de la normalité suppose donc une certaine violence exercée contre ceux qui sont estimés, à tort ou à raison, être sortis de la norme.

Je ne prétends pas qu'il faille se passer de cette qualification en termes de normal et de pathologique dans la vie sociale. Dans la mesure où elle est une donnée anthropologique fondamentale de la vie commune, cela n'aurait pas beaucoup plus de sens que de décréter que les nuages sont de trop dans le ciel. Il est permis en revanche de se demander deux choses. Ce jugement est-il toujours bien nécessaire ? N'y a-t-il pas, au soubassement de ces jugements, une référence implicite à un étalon de la normalité, à un homme normal qui pose problème ? La première question porte sur la nature du jugement auquel on a recours. La seconde question porte sur l'articulation qui est systématiquement produite entre l'objet du jugement et l'existence qui le supporte. Il y a dans les deux cas une propension à la normalité qui est la marque d'une intolérance produite par toute une série de dispositions sociales et individuelles dont la provenance est un certain état des normes d'une société et une vie psychique en rapport à cet état des normes. Ainsi le jugement de normalité a-t-il pour origine une disposition qui est l'effet même des normes par lesquelles une société accède à une forme de conscience de soi. C'est dire que nos esprits ne nous appartiennent pas. La vie psychique est, en ses développements mêmes, assujettie aux régulations sociales qui, non seulement, la traversent mais, encore, la présupposent pour pouvoir fonctionner. Judith Butler montre comment un sujet ne peut émerger qu'en niant l'assujettissement qui le constitue. « Ce n'est pas simplement que l'on ait besoin de la reconnaissance de l'autre et qu'une forme de reconnaissance soit conférée à travers la subordination ; cela signifie plutôt qu'on est dépendant du pouvoir pour sa propre formation, que cette formation est impossible en dehors de la dépendance et que la posture du sujet adulte consiste précisément dans le déni et la répétition de cette dépendance. Le "Je" sujet émerge à condition de dénier sa formation dans la dépendance, condition de sa propre possibilité »[1]. La reconnaissance attendue par l'autre est la révélation que mon existence ne m'appartient pas, qu'elle est toute entière dépendante de l'ensemble des pouvoirs qui caractérisent une société. Le "Je"

1. Judith Butler, *La vie psychique du pouvoir*, Paris, Léo Scheer, 2002 pour la traduction française, p. 32-33.

est à la fois l'effet de cette dépendance et le recouvrement de cette dépendance par une affirmation inconditionnée d'autonomie qui est en même temps une dénégation. Je ne m'appartiens pas mais je fais fond sur cette non-appartenance pour affirmer mon appartenance.

Cette dynamique du soi qui se découvre soi en faisant fi de l'état de sujétion qui le fabrique s'accomplit dans les jugements de normalité. Le jugement de normalité, littéralement, lie l'esprit aux normes sociales. Il assure un développement cognitif dans les limites des normes sociales. Il est, en ce sens, le modèle de tout jugement, puisqu'il dit ce qu'il est possible de dire à l'intérieur des normes sociales. Le jugement de normalité n'est donc pas un jugement comme les autres. Il est le jugement qui rend possible les autres jugements en scellant performance cognitive et efficacité sociale, en reliant également l'histoire d'une vie à l'histoire sociale qui l'héberge et la conditionne. Pour toutes ces raisons, le "Je" apparaît comme flottant dans l'univers des normes sociales. Non seulement il n'est pas à l'origine de ces normes, il est à bien des égards une construction des normes qu'une société révèle à un certain moment de son histoire mais il est, en son for intérieur, constitué par les normes dans la mesure où elles ne se limitent pas à des sollicitations de comportements, où elles ne font pas seulement pression sur des manières d'agir mais où elles ont une valeur mentale fondamentale. Les normes ne sont d'ailleurs efficaces que parce qu'elles acquièrent cette valeur mentale. Elles développent des contenus cognitifs qui sont intégrés à la structure psychique de chacun dès la plus petite enfance et qui sont ainsi quasiment indétectables tellement ils semblent inscrits dans une hypothétique nature humaine. Le "Je" est alors l'effet du contenu cognitif des normes qui peut se poser comme "Je" parce qu'il ignore ou feint d'ignorer un tel contenu. Il y a alors une déprise impossible pour le "Je" puisque se déprendre des normes reviendrait à se déprendre de soi, travail aux limites rendu impossible par l'affect dépressif qu'il ne peut manquer d'engendrer. Seulement cette déprise impossible n'en finit pas de roder autour de la structure même du sujet. Elle apparaît comme une revendication inconsciente inscrite au plus profond du "Je", un désir de sortir de soi du "Je" lui-même dont on verra qu'il peut être à l'origine de la possibilité d'une certaine crise de l'homme normal. Parce qu'il est impossible de sortir de soi dans la mesure où chaque soi est un effet des normes, il s'ensuit d'une part que la revendication d'être soi est une revendication incomplète qui n'a aucun sens subjectif réel, sauf de témoigner d'une lutte pour l'autonomie qui a des effets pratiques bien réels mais il s'ensuit d'autre part que cette impossibilité à être soi constitue le soi d'une manière décisive et permet, du même coup, d'approcher le soi par la limite en établissant un retour du sujet impossible sur la norme elle-même qui peut apparaître comme l'une des figures majeures d'une critique de l'homme normal. C'est pourquoi la revendication d'être soi prend des formes toujours plus inattendues, du fait de la sollicitation des normes et de leur valeur mentale. Je désire être moi au plus loin de moi dans la norme même qui me fait être. Le narcissisme fabrique du sujet dans l'imposition des normes. C'est ainsi qu'une femme pourra sincèrement désirer être elle-même en se confiant à la chirurgie esthétique pour gommer une vieillesse du corps qui lui semble être en contradiction avec la jeunesse de son esprit, sans voir que cette revendication à être soi masque le travail des normes qui redéfinissent le corps de la femme, en fonction de leur construction dans des magazines de beauté, dans une économie du soin, dans une médecine de la vie non malade.

Les jugements de normalité témoignent d'un tel contexte. Ils sont tout à la fois la preuve de l'efficacité de la norme dans la vie psychique des sujets et la manière, souvent désespérante, dont les sujets essaient de se poser dans la norme, faisant retour sur leur subjectivité par un usage de soi qui est en même temps une confirmation de soi à l'intérieur de certains contenus cognitifs normés. C'est pourquoi se passer des jugements de normalité est rigoureusement impossible. Ceci reviendrait à s'interdire toute vie mentale sous prétexte qu'elle est prédisposée par les normes sociales alors même qu'elle ne se développe que dans les normes sociales, au double sens d'un emprunt et éventuellement d'une passe d'armes. Il y a là incontestablement une tristesse de l'esprit qui n'admet aucune consolation. Nous sommes pensés jusque dans nos pensées mêmes parce que nous sommes investis de fond en comble, de la cave au grenier, par les règles sociales. Le pouvoir, ainsi, ne se contente pas du versant physique des existences. Il ne produit pas seulement des comportements au prix de sollicitations, de récompenses et de sanctions. Il s'approprie, ainsi que Judith Butler complétant les analyses de Foucault l'a si bien montré, le versant psychique par la production d'une forme de servitude à ses propres normes dont l'illusion est qu'elles passent pour faire l'objet d'un consentement et qu'elles reposent sur des "Je" bien en place, déjà constitués, avant même qu'elles n'arrivent et ne fassent leur travail, alors qu'en réalité elles s'impriment littéralement dans l'individu, le constituant en moi. Il y a là non seulement une servitude involontaire par laquelle je répète malgré moi ce qui est produit hors de moi mais cette servitude involontaire apparaît plus fondamentalement encore comme étant à l'origine du moi dans la mesure où elle est le produit de dispositions qui créent une durée mentale en même temps qu'elles la peuplent de toute une imagerie sociale qui installe la soumission au cœur de l'esprit.

Les jugements de normalité fonctionnent alors comme des qualifications de la vie mentale qui lui assurent une progression, un développement, un passage à l'existence dans les limites des normes sociales. Ce sont ces jugements de normalité, qui sont des réduplications des normes sociales, des schèmes sociaux, qui construisent un homme normal, l'imposent et finissent par lui donner une évidence qu'il n'a jamais eue.

De tels jugements de normalité trouvent leur origine dans l'état de sujétion de l'enfant. Pour persévérer dans son être, il se trouve dans l'obligation de s'attacher à ses parents et d'assentir par là même à ce qu'ils exigent de lui. L'attachement, qui est une donnée vitale, suppose une entrée involontaire dans le jeu des usages de vie des parents et des personnes aimantes. Le seul accès à lui-même du bébé passe par cette dépendance première qui continue de s'affirmer dans l'ensemble des relations affectives[1]. Cette sujétion, vitale pour l'enfant, l'expose alors à tous les jugements des parents et des personnes aimantes. Elle l'expose en particulier à ceux qui modélisent les différents types de jugements, ceux qui distinguent le droit du déviant, le conforme du difforme. L'éducation est bien, en ce sens, un dressage dont la caractéristique est de faire pousser

1. Frédéric Worms, « Penser la violation », *Esprit*, février 2000, p. 81 : « Ce qui se constitue irréversiblement dans la continuation ou la durée de notre existence, ce sont des liens biologiques et génériques d'attachement, maternel ou parental en général, amical, etc., qui prenent cependant toujours aussi le visage et la voix d'êtres singuliers et irremplaçables, faisant de nous du même coup, tout à la fois, des êtres vivants et des individus ».

droit selon des ensembles convergents de normes qui peuvent définir une idéologie. « L'Ecole prend les enfants de toutes les classes sociales dès la Maternelle, ..., elle leur inculque pendant des années, les années où l'enfant est le plus "vulnérable", coincé entre l'appareil d'Etat famille et l'appareil d'Etat école, des "savoir-faire" enrobés dans l'idéologie dominante ou tout simplement l'idéologie dominante à l'état pur »[1]. L'homme normal est d'abord cet enfant dont le rêve d'air frais est pris en charge par les jugements de normalité des parents et des adultes. Les désirs de l'enfant, la vie psychique de l'enfant se construisent alors dans cet état de sujétion. D'où il résulte, d'une part, une nécessaire hétéronomie dans la lutte de chacun pour l'autonomie et, d'autre part, un certain état de mélancolie vis-à-vis de ce qui n'est pas encore redressé et qui se donne, illusoirement puisque toujours rétroactivement, comme un être sauvage antérieur à tout jugement, antérieur aux genres eux-mêmes, genres sociaux, genres sexuels qui distinguent et produisent des appartenances[2].

Les jugements de normalité, en établissant un partage entre le droit et le sauvage, scindent le désir en deux régimes : un régime du désir qui va vers la loi, qui est désir de norme et un régime du désir qui va vers l'anomalie, vers des devenirs sauvages. L'enfance est alors lutte entre le désir de norme et le devenir sauvage et cette lutte ne se termine jamais vraiment. Elle est bien plutôt la scène primitive en laquelle le moi peut se développer. La formation du moi trouve son origine dans cette vie des normes et dans la dialectique qui la supporte,

1. Louis Althusser, « Idéologie et appareils idéologiques d'État », dans *Positions*, Paris, Éditions sociales, 1976, p. 94-95.

2. Judith Butler, *La vie psychique du pouvoir*, *op. cit.*, chapitre V, « Le genre de la mélancolie/ L'identification refusée ».

rapportant structurellement un désir pour la norme à un désir contre la norme.

Cette dialectique trouve son origine dans la vie elle-même comme système d'excitations et de réaction aux excitations. Ainsi que l'écrit Fédida, la vie est « menacée par les charges trop fortes des excitations » et par les changements incessants de l'environnement[1]. Elle y répond par des régulations propres qui sont autant de normes par lesquelles elle en vient à se soutenir dans l'être, à se poser comme singularité différenciée. Ces normes permettent à un vivant de s'orienter dans les multiplicités des changements et des *stimuli* qu'il rencontre. Elles lui offrent surtout une possibilité d'individuation proprement vitale qui définit un style de vie, une manière unique de s'affirmer dans des milieux de vie et de se soustraire à certaines sollicitations. Fédida note que le bébé, déjà, « acquiert dès le début cette capacité (...) d'ouverture/fermeture au contact, de rythme, de résonance et ainsi de régulation interne des excitations »[2]. Il nomme cette capacité la « dépressivité » et il y voit l'origine même de la vie psychique. En quoi consiste cette dépressivité ? Essentiellement dans la position d'un style, c'est-à-dire d'un rythme de vie propre qui ne se contente pas de répondre aux sollicitations externes par la position de normes de vie mais qui crée une figuration archaïque de l'espace et du temps qui encadrent toute vie. Le psychique procède d'une activité de vie qui consiste dans un double mouvement de régulation et de création à l'égard du monde externe. Là se joue incontestablement, dès les premiers mois, une première figure de la subjectivité dans cette capacité

1. Pierre Fédida, *Des bienfaits de la dépression*, Paris, Odile Jacob, 2001, p. 15.

2. *Ibid.*, p. 15.

vitale de réponse à des excitations sensori-motrices qui va au-delà de ces excitations elles-mêmes, ne se contentant pas de leur répondre mais produisant une cohérence dans les réponses, un certain usage de soi en train de répondre. Il y a une créativité des réponses qui ne se résume pas à la seule adaptation aux circonstances des milieux extérieurs mais qui est exploration du désir de vivre en laquelle se joue une première estime de soi.

La fragilité d'une telle créativité l'expose à tous les accidents possibles, et en particulier à la violence de l'autre(les parents, une institution) dont la conséquence est de compromettre non seulement la structure vitale de l'attachement mais également la figure sociale de l'estime de soi [1]. A terme, ce qui est bloqué dans le sujet c'est sa créativité même, sa puissance de déplacer les normes qu'il a lui-même incorporées pour une plus grande maîtrise de sa vie, sa dépressivité à l'origine de la vie psychique. Ce blocage qui est, selon Fédida, le signe même de la dépression, implique du même coup une soumission aux normes existantes et par là même une scission dans le moi entre ce qui désire entrer dans la norme et ce qui désire en sortir. Le moi créateur disparaît au profit du moi reproducteur dont le blocage sur certaines normes a désormais comme seule garantie de succès de répondre à des normes sociales dominantes incorporées par les parents et transmises à leur tour aux enfants à l'intérieur de cette caisse de résonnance qu'est la famille.

1. « Pour parvenir à établir une relation ininterrompue avec eux-mêmes, les sujets humains n'ont pas seulement besoin de faire l'expérience d'un attachement d'ordre affectif et d'une reconnaissance juridique, ils doivent jouir aussi d'une estime sociale qui leur permet de se rapporter positiviement à leurs qualités et à leurs capacités concrètes ». Cf. Axel Honneth, *La lutte pour la reconnaissance*, Paris, Éditions du Cerf, 2000, p. 147.

L'homme normal naît de cette scission dans le moi qui met désormais sur le devant de la scène une vie psychique aimantée par le désir de la norme et laisse dans l'ombre, au point de la faire disparaître, le désir de contrer la norme ou le désir d'excès à l'égard de la norme qui répond au mieux de cette créativité de la vie en ce qu'elle est l'individuation que la vie ne cesse de développer jusque dans l'esprit lui-même, posant certes des normes, des régulations dont le risque est de compromettre, en les arrêtant, les processus d'indviduation.
Dans cette course vers la normalité qui trouve ses origines dans une violence première qui est l'effet de l'attachement nécessaire de l'enfant à la loi parentale, synonyme d'attachement à des règles sociales, je ne suis jamais assuré d'en faire assez. Qui me dit que je suis suffisamment dans la norme ? Ne faut-il pas le montrer davantage ? La course vers la normalité est une course sans fin. Toute vie est une vie injustifiée qui cherche à se justifier au regard même des normes. La justification est un procédé qui excède l'idée de justice qu'elle contient. Elle met en avant une angoisse de la norme qui est le propre de l'homme normal. L'homme normal est alors, au sens de la psychanalyse, un normopathe, un homme malade de la norme [1]. La normopathie désigne des personnalités limites qui cherchent, par tous les moyens, à paraître normales en mimant les normes à la perfection. Cette pseudo-normalité ou normalité pathologique menace tous les sujets dont le sens de la vie réside dans la normalité [2]. Ceci ne signifie pas que la normalité est vide de sens mais que, prise comme but de la vie, elle

1. Cf. Yves Buin, « Normopathie », dans « L'homme normal », *Le passant ordinaire* n°45/46, p. 54-55.
2. Jean Bergeret, « Le psychanalyste et ses conceptions de la normalité », dans *Quelle guérison, quelle normalité ?*, Revue Française de Psychanalyse, Paris, P.U.F., 2002.

souligne une vie qui a déserté les désirs créateurs au profit des désirs reproducteurs. La normalité, c'est alors la victoire de l'état sur le devenir, de l'identité sur la différence. Ainsi instituée elle soustrait les normes au travail subjectif qui leur donne sens en gelant le moi et en empêchant la vie mentale de s'affirmer comme vie, invisible et souteraine, dans une lutte sauvage entre l'acceptation des normes et ses devenirs créateurs. De telle sorte qu'il n'y a pas de norme sans une certaine vie psychique qui la supporte, et dont l'origine est l'individuation vitale qui s'affirme dans la régulation, et une vie psychique qui est insupportée par elle. De cette tension entre les deux scènes du psychisme naît le moi proprement dit en tant qu'il est arbitrage du conflit des normes.

La vie humaine est une oscillation entre ces deux rapports aux normes. L'attachement aux normes se joue dans la possiblité même du détachement. L'assujettissement, qui comprend la subjectivation, et l'individuation sont les deux opérations qui contribuent à la formation du moi. L'homme normal, en ce sens, n'existe pas puisqu'il est le fantasme porté haut dans le jour de la seule soumission à la norme comme norme des normes. La normalité, si elle a un sens, n'est jamais rien d'autre que l'effet d'un équilibre processuel précaire engendré par ces mixtes de désirs. La normalité n'a rien d'une évidence. Elle est au contraire un problème tenu pour évident par ceux-là mêmes qui oublient à quel point c'est un problème pour la plupart d'entre nous. L'effort pour placer la normalité comme valeur souveraine ne peut alors s'obtenir qu'au prix d'un renoncement aux qualités psychiques d'un sujet, l'immobilisant dans une impression de quasi-anéantissement, au plus loin de toute sensation et de tout affect, au plus loin de toute rêverie et de tout désir, au plus loin de lui-même. Dès que je rêve, dès que je désire, c'est toute ma vie qui se met à se mouvoir et cette mobilité outrepasse la digue de la normalité, non qu'elle ne la connaisse pas mais qu'elle la resitue dans son histoire subjective. Les rêves ne sont ni normaux, ni pathologiques pris en eux-mêmes, les désirs non plus, les affects non plus. Bien sûr il existe des rêves obsessionnels qui témoignent de structures pathogènes, des désirs morbides, des affects désespérants mais ce n'est pas cette pathologie qui fait leur qualité de rêve, de désir, d'affects. Leurs mécanismes outrepassent la distinction du normal et du pathologique même s'ils peuvent prendre des formes pathologiques et faire l'objet d'une médecine clinique et même s'ils sont nourris par les normes sociales, dans les imageries, les contenus, les attentes. Le plus important reste le fait suivant : il existe des expériences cruciales qui ne sont pas explicables par la référence à la norme même si la norme s'applique à ces expériences et les transforme. Ou plutôt il faut dire que ces expériences sont des expériences vitales qui révèlent un sens vital des normes qui ignorent, au point de départ, le rendu visible que les normes sociales autorisent. Certes la vie psychique qui commence dans ces normes de vie et trouve ainsi son origine dans des expériences cruciales ne se voit véritablement constiuée que dans les normes sociales. Seulement s'en tenir à la seule normalité sociale, c'est alors renoncer à la mobilité de la vie, au travail présubjectif qui est à l'origine de la vie psychique, c'est mettre entre parenthèses l'idée même de vie au profit de la norme. Le moi qui en résulte est alors un moi congelé, au bord du rien, un quasi-rien.

chapitre 2

une vie sans aléas

L'homme normal n'est pas l'homme ordinaire. Il en est une modélisation, une simplification aussi. A l'oublier, on pourrait être amené à croire qu'il existe une qualité particulière de l'homme normal qui en fait le modèle d'une société meilleure dans laquelle les souffrances sociales auraient enfin disparu. Pourtant, l'idée même de souffrance sociale n'a de sens que par référence à un homme normal qui, pour être une exception dans la vie sociale, n'en possèderait pas moins comme trait déterminant le bien-être. La question est alors de savoir où se trouve l'homme normal. Car aucune vie ne peut se targuer d'ignorer le mépris social, l'humiliation, la blessure, tous les dénis de reconnaissance [1]. Comment rester normal lorsque tant de pathologie se laisse voir ? Il n'est pas certain, de ce point de vue, que la normalité soit tout à fait normale et qu'il faille l'accepter sans réserve lorsqu'il s'agit de caractériser l'homme.

Si l'on voit bien ce que peut être une école normale, une école normale supérieure, un lieu d'un type particulier où l'on apprend à enseigner, un lieu où l'on met en avant des règles qui devront être reproduites par la suite, l'appellation d'homme normal est, quant à elle, beaucoup moins évidente.

1. E. Renault, *Le mépris social*, Bègles, Éditions du Passant, 2000.

Une première raison tient à ce qu'aucun homme ne contient en lui une exemplarité telle qu'elle puisse servir de référence aux autres hommes. « Les hommes sont si nécessairement fous que ce serait être fou par un autre tour de folie de n'être pas fou »[1]. Qui peut se dire suffisamment normal pour croire que sa normalité est exempte de pathologie ? La normalité prend ici une signification qualitative. Elle désigne un modèle dont la caractéristique est qu'aucune existence ne l'incarne réellement. Elle est une exigence pour une existence. Le normal n'est pas alors ce qui se retrouve dans le réel et c'est pourquoi il peut apparaître comme son principe de transformation. La normalité est donc un idéal type qui fait apparaître le champ des existants comme doté d'une valeur d'anormalité au regard de sa propre exigence[2]. Le normal c'est proprement l'exemplaire qui peut servir d'exemple.

Supposons un instant qu'un tel homme normal existe, alors l'homme normal serait au mieux un être rare porteur d'une exemplarité qui le soustrait aux autres êtres, les caractérisant ainsi par autant de pathologies qui éloignent les vies humaines de la normalité. Nous aurions ainsi affaire, si nous admettons le principe qualitatif d'un homme normal comme être exemplaire, à des existences défectueuses, au bord de la fatigue, de l'épuisement, repérées comme telles par la monstration lumineuse d'une existence sublime valant pour un ensemble d'hommes, exigence affirmée dans le creux même des existences scandaleuses. Dans un tel cas, l'homme normal possède une utilité car il permet un contraste entre une

1. Phrase de Pascal citée par Foucault dans la Préface de *Folie et déraison. Histoire de la folie à l'âge classique*, Paris, Plon, 1961. Texte repris dans *Dits et Ecrits*, Paris, Gallimard, 1994, tome I, p. 159.
2. Georges Canguilhem, *Le normal et le pathologique*, Paris, P.U.F., 1966, p. 177.

estimation de ce qui n'est pas (la normalité) et le constat de ce qui est (le pathologique). Surtout, il autorise une construction des figures mêmes du pathologique et offre ainsi la possibilité d'un meilleur diagnostic clinique des formes de souffrance sociale[1]. La normalité n'est rien d'autre alors qu'un étalon destiné à rentrer dans l'épaisseur des expériences de mépris dont on peut tenir ainsi qu'elles sont des formes de maladies sociales, devant du même coup être combattues sur le plan politique. Tel est le sens possible d'une certaine réhabilitation de la normalité : garantir la valeur clinique d'un diagnostic et autoriser un repérage plus fin des pathologies. Ainsi que l'écrit Christophe Dejours, « pathologie, aliénation, normalité (...), tous ces concepts peuvent, grâce à l'épreuve du travail, être testés cliniquement »[2]. Je reviendrai plus sur loin sur l'usage qui est fait par Dejours de la valeur de centralité du travail et sur son rapport éventuel avec une certaine estimation de la normalité. L'important est ici l'expression de test clinique. Sans la clinique, la normalité et la pathologie risquent de rester des concepts vides. Une clinique des milieux de vie, en particulier du premier d'entre eux, le milieu de travail, permet de leur adjoindre des expériences particulières qui leur donnent sens. Plus particulièrement, la distinction du normal et du pathologique ressort de la clinique et de la clinique seule. Savoir ce qu'il en coûte de souffrance à un sujet pour mener à bien son travail, savoir comment un sujet travaille à résister à sa propre souffrance dans le travail même et comment cette vigilance mentale est exploitée dans l'activité de travail, c'est là le but d'une clinique qui ne dit rien de la normalité et de la

1. Christophe Dejours, *Souffrance en France*, Paris, Seuil, 1998.

2. « Réhabiliter la normalité ? », art. cit., p. 56.

pathologie mais qui les vérifie dans leur contraste même en fonction des activités de vie des sujets[1]. La clinique n'est donc pas un opérateur de construction de la normalité. Elle est le soutien le moins normatif possible aux existences malmenées par les normes qui s'abattent sur elles. Surtout la clinique ne déduit pas l'idée d'un homme normal d'une certaine normalité d'activité. Il y a loin de l'un à l'autre car cette extension suppose qu'une activité (le travail par exemple) puisse être suffisamment centrale pour apparaître comme la norme des autres activités, ce qui revient du même coup à poser une activité comme le révélateur du mode d'être de l'homme normal. Il me semble que si tel est le cas, il y a une violence qui est faite à l'idée même d'une clinique. Et de ce point de vue il est certain qu'une clinique est une chose extrêmement difficile dans la mesure où elle suppose constamment une déprise quant à l'idée d'un homme normal sans céder pour autant sur le discernement des souffrances. Le passage d'une description des activités en termes de normal et de pathologique, par référence à des normes de milieux sociaux extrêmement précises, à une référence à l'homme normal ne cesse de poser problème puisqu'il extrait tout l'être d'une seule activité retournée en norme des normes de vie. S'il existe des activités qui ont une certaine centralité pour le sujet, le travail, le langage, l'amour, nul ne peut décréter à l'avance que l'homme normal est celui qui accomplit ces activités. Il existe au contraire une formidable inventivité de l'homme qui non seulement se déplace dans ces activités mais les oriente subjectivement au point de pouvoir éprouver pour mineur ce qui est tenu pour majeur par un ensemble de sujets. Le chômeur, le plus souvent,

1. Ch. Dejours, *Travail usure mentale*, Paris, Bayard, 1993, p. 196-199.

souffre de son absence de travail car cette impossibilité est non seulement une limitation économique de sa vie même mais aussi une diminution significative de l'estime sociale à laquelle tout sujet aspire. Il n'est donc pas question ici de faire un irénisme du renoncement au travail. Il est certain que l'homme privé de travail est un homme stigmatisé, dont l'existence sociale n'est même plus certaine puisqu'elle se situe aux limites mêmes de ce qui est tenu pour central dans nos sociétés, le travail. Seulement il y a loin à voir dans le chômeur un homme malade et ceci même dans le cas où l'on reconnaîtrait, ce qui ne va souvent pas de soi chez ceux qui prononcent ce type de thèse, que le chômeur n'est pas l'auteur de sa maladie mais qu'au contraire elle lui est imposée par une vie sociale qui ne sait pas répartir le travail et qui est rongée par l'inégalité. A maintenir ce discours de la maladie, on se prive de toutes les micro-inventions qui font la vie d'un chômeur et qui ne sont pas seulement des expédients pour rester dans le coup de la vie sociale mais qui témoignent d'une vie mentale du chômeur qui excède précisément sa définition en termes de chômeur [1]. Il existe une vie psychique du sujet dit chômeur qui se révèle dans des microactivités qui ne se contentent pas de donner sens à une vie, qui orientent cette vie en fonction d'un certain usage de soi, au point qu'il est possible pour quelqu'un de préférer une vie sans travail à une vie avec travail [2]. Naturellement cette situation est une situation limite car elle fait fi de toute une série de déterminations sociales qui, de fait, limitent considérablement, le déplacement dans ses systèmes

1. Cf. Alexis le Blanc, La socialisation des jeunes en attente d'emploi. Projets *professionnels et interdépendances des domaines de vie*, Thèse de Doctorat, Université de Toulouse-le-Mirail, 1993.

2. Pierre Carles, *Attention danger travail*, France 1971-2004.

d'activité d'un sujet. Seulement ses ressources imaginaires consistent justement à rendre possible de tels déplacements, voir à annuler ce qui est tenu pour normal par d'autres (le travail par exemple) au point de basculer dans ce que d'autres, à l'extérieur, ne manqueront pas de nommer une pathologie et qui est en réalité une expérience de soi aux limites [1]. C'est en fonction de telles ressources imaginaires qu'une entreprise de personnalisation est possible. La personnalisation est le processus qui consiste pour un sujet à donner « sens à chacune de ses activités (...), en l'extrayant de son domaine d'origine, en la référant à un ou plusieurs autres domaines, au sein desquels elle est à son tour désignifiée et resignifiée » [2]. Parler d'un homme normal, c'est précisément enfermer un sujet dans une identité définitive qui le prive de toute possibilité de personnalisation. C'est là précisément un accès pathologique à soi dans la mesure où la personnalisation autorise une liberté de déplacement dans les domaines de vie et où elle permet une requalification du sens de ses expériences en fonction de la manière dont un récit de vie est interprété par un individu.

Cette liberté de déplacement dans les activités, qui peut suspendre la valeur de centralité de certaines d'entre elles, correspond à une dimension essentielle de la vie ordinaire. Elle trouve sens dans la vie elle-même comme invention de normes et se réalise, d'une certaine façon, dans ce que l'on appelle la plus commune des existences. Si tel est le cas, l'homme normal, qui n'a rien à voir avec la description d'une activité dite normale opérée par la clinique d'un milieu de vie,

1. Philippe Malrieu, *La construction du sens dans les dires autobiographiques*, Toulouse, Erès, 2003, p. 67.
2. *Ibid.*, p. 67.

est alors le contraire de l'homme commun. Littéralement l'homme normal est un être hors-normes dont la validité repose seulement sur un jugement de normalité obtenu par secrétion des normes sociales d'un groupe ou d'une population et dont le contenu est lui-même hautement dépendant de ces normes. L'homme normal est l'être atypique (au sens où on ne le rencontre pas aisément dans la rue) produit cependant par un type social particulier qui n'a pas encore atteint un degré d'universalité ou d'efficacité suffisant et qui va chercher à se corriger et peut trouver dans un être évalué comme un être d'exception la possibilité même d'un remède. Telle est la version magnifiée de l'étranger (le plus souvent, c'est la version sombre qui l'emporte) dont l'étrangeté est perçue comme porteuse d'une exemplarité faisant défaut au groupe qui l'accueille et qui, de ce fait, peut se considérer comme défectueuse eu égard à cette normalité supérieure et ainsi se déprécier par référence à cette appréciation positive pour envisager les termes d'une auto-correction. Il n'est pas absurde de penser que les guerres de colonisation ont su exploiter cette thématique de la supériorité de l'étranger qui repose au bout du compte sur la version plus ordinaire de la minorité active qui peut remodeler les normes de la majorité précisément parce qu'elle apparaît aux yeux de la majorité comme extrêmement cohérente, ce qui n'est pas le cas de la majorité, et ainsi susceptible de réduire des états d'incertitude [1].

L'appellation d'homme normal ne va donc pas de soi si l'on en reste à un niveau qualitatif. Comme exception ou comme rareté porteuse d'une exemplarité, l'homme normal se contredit comme figure et s'inverse rapidement en homme déprécié. Il

1. S. Moscovici, *Psychologie des minorités actives*, Paris, P.U.F., 1979, p. 35-40.

est possible cependant de donner une seconde signification qualitative à l'homme normal, plus modeste et donc plus difficile à critiquer. On peut très bien refuser, pour l'homme normal, le sens héroïque d'une vie exemplaire au profit d'une signification beaucoup plus banale qui indique simplement une vie non affectée par la souffrance, une vie de santé plutôt que de maladie. L'homme normal serait tout simplement cet homme qui ne connaît pas la maladie, qui reste à l'écart des variations engendrées par la souffrance, le mépris. En réalité, ce second scénario renvoie au premier puisqu'il faudrait alors imaginer qu'une vie sans maladie, sans souffrance, est humainement possible, ce qui reviendrait à soustraire la vie à son historicité propre au point de l'ériger en idéal anhistorique et d'en faire une exemplarité pour l'ensemble des existences historiques. Une vie normale serait alors une vie sans événements, sans ligne de fuite aucune, dans laquelle aucun aléa ne pourrait réellement émerger puisqu'il y aurait absence de toute négativité. Une telle vie, sans affects et sans drame, préservée pour que rien ne puisse la secouer, susciter des désordres, est ou bien un idéal que l'on soustrait à la vie pour mieux en apprécier les écarts, ou bien une vie pseudo-normale, hautement malade donc, puisque la vie a été réduite, pour affronter les précipités des milieux de vie, à une seule norme ou à un ensemble de normes sans variation aucune. Il est possible de parler de maladie au sens clinique du terme pour un sujet qui s'est bloqué sur une seule norme, qui refuse de la changer. Or c'est bien cette construction pathologique de la normalité qui est en jeu ici puisqu'elle ne peut s'accommoder du moindre devenir, conduisant la vie au plus près de la folie, ainsi que le révèle *L'arrache-cœur* de Boris Vian où l'on voit la mère succomber à son désir de sécurité infinie pour ses enfants et à sa furieuse pathologie qui entend soustraire ses enfants à toute maladie, à tout accident, en les élevant dans une bulle transparente.

Il y a pour le dire autrement une maladie de l'homme normal. L'homme normal est malade de la norme unique à laquelle il se soumet ou à laquelle on le soumet. Surtout cette maladie est à entendre en un double sens. En un premier sens, elle est maladie du fait qu'il y a réduction à une seule norme de vie. Cette réduction ne peut s'opérer qu'au prix d'une certaine instrumentalisation de la vie mentale d'un sujet. Ceci signifie que la capacité cognitive d'imaginer une autre vie, de passer d'une activité à une autre activité fait défaut. Plus fondamentalement, c'est la vie créatrice de l'individu dans l'indétermination de sa vie mentale qui est sacrifiée au profit d'une vie opératoire, définie par la seule efficacité d'une tâche à atteindre et à reproduire à l'infini [1]. La vie psychique est fondamentalement possibilité de déplacement, ce qui dans le jargon de la psychanalyse s'appelle depuis Freud sublimation [2]. Si la sublimation est la condition la plus fondamentale de notre vie psychique, ceci revient à dire que la vie psychique ne peut se réaliser que dans l'errance, dans les déplacements non cadrés qu'elle institue. L'homme normal est paradoxalement un homme sédentaire dont l'activité mentale consiste à refuser tous les mouvements qui ne rentrent pas dans la norme qu'il s'est lui-même fixée. La maladie de l'homme normal est une

1. Cf. Pierre Marty, Michel de M'Uzan, Christian David, *L'investigatoin psychosomatique*, Paris, P.U.F., 1963.

2. Cf. Cornelius Castoriadis, *L'institution imaginaire de la société*, Paris, Seuil, 1975, « La sublimation et la socialisation de la *psyché* », p. 454-466. Voir également *Le monde morcelé*, Paris, Seuil, 1990, p. 265.

maladie d'homme immobile. Savoir bouger dans sa tête c'est contribuer à lever cette maladie.

En un second sens, la maladie de l'homme normal doit s'entendre comme la faille qui naît à la longue de se savoir normal dans un monde peuplé de malades. Naturellement le terme de malade est ici relatif à la seule conscience qu'a l'homme normal de sa propre normalité et n'a pas de valeur autre. Canguilhem, dans une page fameuse, met en scène ce personnage et lui restitue son monologue intérieur. Comment rester normal ? Peut-être l'occasion ne s'est-elle pas encore présentée de sombrer définitivement. Peut-être la différence entre l'homme normal et l'homme malade tient-elle seulement à une affaire de circonstance. On voit ici que le discours intérieur de l'homme normal est rongé par l'angoisse de la maladie. C'est que dans le registre de la normalité il n'y a aucune limite si ce n'est la négation brutale imposée par la maladie engendrée par une circonstance nouvelle. La terreur de la maladie est donc terreur de la nouveauté. L'angoisse devient le mode d'être de l'homme normal. Elle soustrait par là même l'homme à sa normalité. Littéralement elle le rend malade[1].

Dans les deux cas, l'homme normal est malade du seul fait que la norme unique à laquelle il est lié, supposant un consentement de type attachement/assujettissement, le soumet à une activité à laquelle il ne peut rien changer et par rapport à laquelle il a la hantise qu'elle disparaisse ou qu'elle prenne un cours totalement imprévu. La norme qu'il exhibe est alors le signe d'une vie diminuée. La normalité comme exemplarité ou comme santé culmine dans une norme unique qui expose l'homme à toutes les maladies possibles.

1. Georges Canguilhem, *Le normal et le pathologique*, *op. cit.*, p. 216-217.

chapitre 3

l'homme typique

Il est possible de donner un sens non plus qualitatif mais quantitatif à la figure de l'homme normal. Le normal ne traduit plus le rare à exiger mais le fréquent à constater. Il n'est pas une qualité qu'il faut à tout prix introduire dans un réel hostile mais une quantité significative qui se retrouve dans toutes les portions du réel. C'est un fait que nous sommes assiégés par les normes et qu'elles finissent par imposer l'idée d'un homme normal, condensé de toutes les normes auxquelles nous sommes liés, homme moyen obtenu par concordance des profils de normes. Il faudrait, pour ces normes, se demander d'où elles viennent et quelle est leur signification. Elles sont, au sens fort du terme, des modèles sociaux, des types, suggérés par des faisceaux convergents d'indicateurs trouvés dans différents domaines de vie et sous-systèmes d'un sujet. Les normes fonctionnent ainsi comme des principes de communication[1] qui relient des contenus hétérogènes qu'elles contribuent à homogénéiser en produisant des effets pratiques, des *habitus* d'action mais aussi en induisant des schèmes mentaux, en peuplant la scène mentale de toute une série d'idées communes et de fantasmes, fruits d'une même machinerie

1. « La société disciplinaire est une société de l'absolue communication ... La norme, c'est précisément ce par quoi et ce à travers quoi la société, lorsqu'elle devient disciplinaire, communique avec elle-même. La norme articule les institutions disciplinaires de production, de savoir, de richesse, de finance, les rend interdisciplinaires... », Fr. Eswald, « Un pouvoir sans dehors », dans *Michel Foucault philosophe*, Paris, Seuil, 1989, p. 197-198.

sociale. Les normes sociales ne cessent de relier. Elles construisent une séquence commune entre un feuilleton télévisé, une conduite professionnelle valorisée, un divertissement et une scène de la vie amoureuse en forgeant des types d'attitude, de comportements qui sont comme autant de réponses normales et qui ont aussi en commun d'être préférés à d'autres et d'apparaître comme porteurs d'une normalité que les autres n'ont pas.

L'homme moyen qui en résulte, ou homme typique, n'est pas nécessairement un homme unidimensionnel[1]. Chaque type de norme est porteur d'un type d'homme typique. Il n'y a donc pas, à proprement parler, un seul homme unidimensionnel mais des hommes unidimensionnels qu'une pluralité de normes maintient dans un état de multiplicité. La soumission à une série de normes, comme effet de l'attachement de tout désir de vivre à un pouvoir extérieur, est justement ce qui expose l'homme à une variété de comportements d'un même type, par laquelle il en vient à se considérer comme un "Je". La norme rend l'homme typique en même temps qu'elle lui fournit un accès à soi dans les limites mêmes du type. Le type est alors la norme extérieure de production de l'homme et la norme de fabrication de soi. L'homme normal est ainsi cet homme rendu normal dans son corps et dans son esprit, dans une même référence à un type commun qui permet aux autres hommes de s'appréhender comme hommes normaux, également dans leur corps et dans leur esprit. Qui ne voit ainsi que le sport est un formidable instrument de fabrication des normes de l'homme moyen intégré dans le corps de chacun ? Qui ne voit aussi que le travail est un moyen incomparable de

1. Marcuse, *L'homme unidimensionnel*, Paris, Minuit, 1968.

fabrication des normes de l'homme moyen intégré dans l'esprit de chacun ? Le plus troublant est que ces normes se rejoignent et qu'elles fabriquent un homme moyen global qu'un certain culte de la performance, tant dans le corps que dans l'esprit, permet d'approcher [1]. La vie dans les normes est une vie selon la performance.

Le divertissement, dans cette logique, n'apparaît plus comme une fuite, l'accès imaginaire à un autre monde mais comme le moyen le plus performatif de fournir du repos à des individus fatigués par leurs performances [2]. L'incorporation des normes par des sujets suppose, pour en faire des sujets normaux, une relative centralité de la valeur de la performance que l'activité du travail résume le mieux, encadrant un ensemble de dépenses corporelles et psychiques qui nécessitent en aval une liquidation symbolique, le divertissement, mais aussi la construction d'exceptions, de types rares, d'hommes normaux au sens qualitatif du terme. L'essentiel est alors que le divertissement ne fasse pas échec aux normes de la performance mais les encadre, les virtualise, les symbolise en fournissant des profils communs, des types imaginaires (les héros de l'industrie du cinéma ou de la télévision) susceptibles d'une identification avec ceux qui font, dans leur vie réelle, l'expérience de la performance. Une série télévisée ne se contente pas de construire un profil d'homme imaginaire. Elle efface la frontière entre l'homme moyen et le type idéal sous-jacent qui est la vérité secrète de l'homme moyen. Les séries télévisées, les jeux télévisuels font apparaître des exceptions, des hommes jamais malades ou fatigués qui apparaissent comme la vérité

1. Alain Ehrenberg, *Le culte de la performance*, Paris, Calmann-Lévy, 1991.

2. Cf. Guillaume le Blanc, « Existe-t-il une culture du divertissement ? », dans *L'Ère du divertissement*, Cités n°7, Paris, P.U.F., p. 22-24.

secrète des hommes typiques que nous sommes. Ou bien elles font apparaître l'homme moyen lui-même, épuré jusqu'à ne plus être qu'une suite de normes enchaînées les unes aux autres. Je ne veux pas dire que la télévision et le cinéma se réduisent à cette validation de la norme. Quand ils y échappent, ils acquièrent un statut différent, œuvre d'art ou mise en image d'une expérience humaine. Seulement, lorsque c'est la seule industrie qui a le dernier mot (ce qui arrive souvent), ce qui en résulte est proprement édifiant : une série de normes de comportements, reliées entre elles comme un chapelet de coquillages et qui forgent toute une scénographie normalisatrice de la vie ordinaire ainsi que de la scène mentale qu'elles présupposent.

C'est pourquoi il ne faut pas opposer l'homme normal au sens qualitatif et l'homme normal au sens quantitatif mais chercher plutôt à comprendre selon quelles modalités ils participent d'une même élaboration des normes d'une société, tantôt exhibées dans la fréquence performative des activités de l'homme moyen, tantôt sous-jacentes, en tant que scènes mentales primitives, à la vie mentale des sujets qui puisent dans des *scenari* normalisateurs une aide qui a valeur de prothèse pour toutes les défections que connaît une existence. L'homme typique est doublement produit comme être agissant et comme être mental. Tout comme il existe une vie corporelle, il existe une vie psychique de l'homme typique. C'est cette dernière qui, au bout du compte, crée la véritable possibilité de l'homme normal.

Les types proposés ne sont pas pour autant constants, ils varient dans les situations proposées. Postuler un homme normal, c'est admettre qu'à chaque séquence de l'existence humaine correspond une norme particulière. La vie humaine enchaîne les normes. La vie humaine normale se conçoit comme une vie en permanence dans le type. A chaque étape de la vie correspond un type majeur qui élève l'existence d'un état de minorité à un état de majorité, définissant la règle sociale d'une collectivité ou d'un ensemble d'individus isolés par le partage d'une même croyance sociale en la valeur de l'autonomie. La norme construit ainsi une pression majoritaire qui se propose comme soutien pour l'existence humaine.

Les normes valorisent l'autonomie en renforçant l'assujettissement. Le "Je" s'attache à cela qui lui donne la possibilité d'un développement. La vie psychique s'affirme principalement dans les limites des normes qui la soutiennent. Certes, le désir de normes est constamment menacé par le désir de contrer la norme. Ceci signifie que ce second désir présuppose le premier et qu'en ce sens l'assujettissement est antérieur à la subjectivation. Tout du moins la subjectivation se fait d'abord dans les limites de l'assujettissement. Elle désigne un assujettissement assumé par un sujet [1]. Le désir de norme est primitif dans la mesure où il est le prolongement le plus immédiat de la figure de l'attachement comme seul moyen pour l'enfant de préserver une vie faible et démunie.

S'attacher pour le nourrisson à ses parents, c'est non seulement incorporer la figure de l'assujettissement au point qu'elle est la racine même de son être mais c'est également assumer cet assujettissement comme seul moyen d'accès à soi. L'assujettissement est alors ce qui lance la vie mentale en la retournant sur soi au moment même où elle est exposée à une norme. Cette exposition à une norme, dans l'assujettissement, passe par de multiples figures, en apparence insiginifiantes,

1. Judith Butler, *La vie psychique du pouvoir*, *op. cit.*, p. 35.

qui construisent cependant les premiers existentiaux de l'enfant : les rythmes de sommeil, d'alimentation, les déplacements, l'exposition aux bruits, à l'obscurité, *etc*. Il y a toute une première codification de la vie humaine enfantine qui expose l'enfant à un ensemble de règles alors même que ces règles lui permettent de revenir à lui. C'est par elles en effet qu'un certain état de satiété peut être atteint par le bébé, grâce auquel un commencement d'estime de soi est conquis qui autorise l'exploration de son corps et des plaisirs qui lui sont liés. Sans les soins que les parents prodiguent aux enfants, ces derniers ne peuvent explorer le monde ambiant et leur propre corps. La maltraitance menace le développement physique de l'enfant. Elle menace aussi son développement psychique dans la mesure où elle le réduit à une expérience du manque qui creuse en lui une négativité sans avenir, interdisant toute autre activité, y compris celle de jeu avec la norme.

L'enfant qui refuse brusquement un aliment qu'il avait l'habitude de manger ne se contente pas de tester sa force de persuasion et le pouvoir qu'il peut avoir sur ses parents. Il reconnait, dans son attitude, la productivité de la règle. L'attachement à ceux qui le nourrissent, s'occupent de lui, assurent les soins vitaux, est tel qu'il peut, pour jouer et ainsi pour vérifier son rapport à la norme, refuser ce que la norme sollicite comme étant son bien. Les mêmes procédures sont d'ailleurs mises en avant, sous une forme beaucoup plus exploratoire, dans la façon qu'a l'enfant de tester les règles d'un jeu. Les jeux sont, en règle générale, l'occasion pour l'enfant de tester le rapport aux règles et de construire ainsi le récit de sa formation dans les limites mêmes de règles dont il éprouve tout à la fois la force et la vacuité par le jeu qu'elles autorisent en même temps qu'il accède à une lisibilité de son être dans les limites des règles auxquelles il accorde crédit. Dans ce jeu avec la norme, l'enfant découvre le pouvoir de refuser la norme qui manifeste un soi s'affirmant dans la négation. Le retournement vers soi signifie alors l'accomplissement de l'assujettissement à la norme. Il le présuppose comme ce à partir de quoi un désir de fuir la norme est possible. Le soi apparaît comme l'effet d'un retournement à l'intérieur même des multiples procédures d'assujettissement. C'est ce que Judith Butler nomme le « sujet tropique ». Le sujet se retourne contre lui-même dans l'exercice même de la norme qui s'abat sur lui.

De ce point de vue, il n'y a pas de soi sans homme typique, sans construction de l'homme par la norme. Encore faut-il se représenter (et c'est essentiel) cette production du soi comme ouverte car aucun homme ne se retourne sur soi de la même manière et chacun de ces retournements est en partie incomplet, relié secrètement à la mélancolie d'un accès à soi hors-norme. Ainsi que l'affirme Judith Butler, il n'y a pas de sujet tropique sans un reste, une mélancolie pour un accès à soi d'en-deça de la norme. Cette mélancolie signifie que le soi s'affirme désormais dans des devenirs différenciés et qu'il n'a plus la capacité d'ouvrir tous les devenirs. C'est ainsi par exemple que la différenciation de soi par le sexe exclut l'amour de son sexe comme condition d'un devenir possible. L'homosexualité n'outrepasse pas plus ses devenirs différenciés que l'hétérosexualité puisqu'elle est également position d'un désir par référence à une norme que la transgression, loin de rendre évanescente, présuppose. Un soi hors-norme, ce serait un soi d'avant la norme, ce qui ne peut être que la nostalgie d'un soi qui est déjà dans la norme mais qui n'a pas fait totalement le deuil de l'oubli des normes. La vie psychique est donc produite par la norme mais elle est produite de manière différenciée. La vie psychique naît de ces retournements différenciés qui supposent un reste à partir duquel un rapport à soi est également possible. Les premières séquences cognitives apparaissent ainsi simultanément comme des procédures d'acquiescement à la norme et de reproche adressé à la norme. L'incorporation des normes se lie à du psychique qui produit ses propres zones d'existence. La vie mentale est hautement vulnérable puisqu'elle dépend des normes pour être mais elle conquiert une épaisseur propre qui la soustrait en partie au jeu des normes qui la produit. La vie mentale est tout à la fois dans la norme et en position d'écart par rapport à elle. L'écart n'est pas un hors-norme mais ce qui accomplit la norme puisque toute norme n'existe que par les écarts qu'elle suscite et tolère [1]. Le soi prolonge l'homme typique en même temps qu'il se retourne contre lui par des désirs incompressibles de sortie de la norme. Il est possible de voir dans la vie le sujet présubjectif qui autorise ce travail simultané d'acceptation et de sortie de la norme. Un vivant n'existe que par les normes de vie qui l'attachent à un milieu et construisent, comme figure vitale, une régulation. Mais en même temps, un vivant qui ne serait que ce système de régulations apparaîtrait comme totalement soumis aux normes du milieu lui-même et dans l'incapacité de répondre à des modifications émanant de son environnement. C'est pourquoi il est vital qu'il explore les différents milieux de vie en s'écartant, si nécessaire, des normes de viabilité qu'il connaît, pour tester le cas échéant d'autres normes. Paradoxalement, c'est le bien-être vital d'un vivant, rendu possible par l'attachement à des normes de vie porteuses d'une certaine

1. Georges Canguilhem, *Le normal et le pathologique*, *op. cit.*, p. 110.

viabilité, qui autorise l'exploration d'autres normes, le désir d'outrepasser les normes existantes. La vie est alors, comme l'écrit Canguilhem, normativité, puissance de renverser les normes existantes et d'en instituer de nouvelles [1]. Elle est une créativité dans l'activité même, supposant de tenir pour normal, et ce dans certaines limites non fixées à l'avance, le renouvellement des normes.

Que signifie cet attachement primitif à des normes ? Tout d'abord, attachement et assujettissement fonctionnent ensemble, ce qui doit être entendu dans les deux sens. L'attachement présuppose l'assujettissement ; le désir de continuer à vivre qui est à l'origine de l'attachement est assujetti à des normes qui, en retour, lui donnent une vigueur nouvelle. L'assujettissement quant à lui ne peut fonctionner que s'il parvient à instituer un désir de l'assujettissement, sans lequel il apparaît comme pure contrainte externe, étrangeté dont on peut faire aisément la caricature. C'est précisément en s'octroyant le développement psychique, en le prenant pour cible, ce qui passe justement par l'attachement, qu'il parvient à engendrer un tel désir. C'est alors seulement qu'assujettissement du désir et désir d'assujettissement peuvent être ramenés à une même vie dans les normes.

C'est pourquoi la question que pose Butler, de savoir « comment l'assujettissement du désir requiert-il et institue-t-il le désir de l'assujettissement » [2] reste bien la question majeure de la production de l'homme typique. L'homme typique, ce n'est pas seulement une série de comportements produits par des types sociaux identifiés en fonction de normes

1. *Ibid.*, p. 155.

2. Judith Butler, *La vie psychique du pouvoir*, *op. cit.*, p. 45.

précises. L'homme typique c'est celui en qui se rejoignent assujettissement de ses désirs et désir de l'assujettissement. En ce sens, l'homme typique est bien l'homme du désir. En lui, le désir et la norme se rejoignent. On comprend alors qu'il puisse exister une tyrannie du plaisir, précisément parce que les plaisirs, comme effets de production de la norme sur les désirs, apparaissent comme le terrain d'élection de l'homme typique. L'usage des plaisirs est le signe d'une porosité infinie de l'homme aux normes. La libération par le sexe, promue par Reich, est alors beaucoup plus, conformément aux analyses de Foucault, une aliénation de soi au sexe, lui-même effet d'un marquage en genres sexuels et en discours sur les genres. Ceci ne signifie pas que tous les plaisirs sont du côté de la norme mais que les normes ne peuvent exister qu'en suscitant des plaisirs nouveaux, qui construisent un peu plus l'homme typique : et l'on pense ici à la production des plaisirs dans l'industrie des divertissements, au plaisir de voir sans être vu du téléspectateur dans les télé-réalités, au plaisir sans risque de l'amour au téléphone, *etc*. C'est ainsi que dans l'amour au téléphone, l'écouteur avant d'intervenir éventuellement est exposé aux simulations d'amour des hôtesses qui répondent aux demandes, s'éxécutent en déclinant d'une manière sidérante tous les clichés de la pornographie qui ne se contentent pas de substituer à une relation d'amour entre deux êtres une relation de pure violence mais vérifient, sur fonds d'une détresse des hommes en mal de sexe, toutes les normes qui construisent le discours du sexe. C'est que les plaisirs conjoignent, d'une part, un juste rapport entre distance à l'égard de soi (lacher la corde) et usage distendu de soi, et permettent, d'autre part, d'équilibrer la balance entre la fatigue d'être soi et le repos qu'ils engendrent, à l'origine d'une recomposition de soi qui est présupposée par l'exercice des normes qui s'abattent sur des sujets[1]. Les plaisirs œuvrent à une recomposition de soi à l'intérieur même des normes qui produisent les sujets de plaisir, les liant, par ces plaisirs, encore davantage aux normes et les soumettant, du coup, à leurs contenus normatifs propres, produisant un véritable siège de l'esprit soldé par la prise même de la vie psychique.

Là se situe l'opération majeure de l'homme typique créé par les normes : construire une autonomie dans l'assujettissement même. L'autonomie ne désigne pas un principe philosophique de réelle indépendance. Elle désigne le fait qu'un individu trouve sa raison d'être dans un certain nombre d'expériences même s'il n'en est pas à l'origine. L'autonomie n'est pas non plus une illusion puisqu'elle donne lieu à une justification de l'existence par le sujet qui se pense autonome. L'homme typique, dans ce contexte, n'est pas seulement un produit de la norme. Il est, plus fondamentalement, un usage de soi interne à la norme qui l'effectue. L'autonomie et la discipline ne sont plus alors à opposer. Elles représentent les deux versants normatifs de la construction d'un homme typique. L'autonomie et l'assujettissement sont tous deux l'effet des normes sociales qui construisent les comportements individuels et les représentations mentales qui s'y rapportent. Il n'y a alors pas de sens à les opposer puisqu'ils apparaissent comme deux types de normes[2] dont l'hétérogénéité relative garantit un conflit des normes ou plutôt une querelle de normes en laquelle un "Je" peut précisément se développer comme homme typique,

1. Alain Ehrenberg, *La fatigue d'être soi*, Paris, Odile Jacob, 1998.

2. En ce sens, une lecture croisée des problématiques foucaldiennes de la normalisation d'une part et des références aux normes sociales de l'indivdiualisation d'autre part (Louis Dumont, Marcel Gauchet, Alain Ehrenberg) me semble extrêmement fructueuse.

c'est-à-dire comme homme total. "Je" ne peux produire des comportements dictés par certaines disciplines (d'usine, d'atelier, d'école, d'administration ...) que si je m'apparais comme sujet autonome de mes actes, ce qui suppose l'élaboration de représentations d'autonomie qu'aident à construire les normes sociales de l'autonomie. La vie physique du pouvoir disciplinaire suppose la vie psychique du pouvoir des normes de l'autonomie. Il existe une discipline des comportements qui ne peut s'accomplir que par l'appel à une autonomie des modes d'être subjectifs.

Un même sujet se voit ainsi pris dans le quadrillage des normes alors même qu'aucune cohérence des normes ne peut être tenue pour assurée puisque les normes de la discipline et les normes de l'autonomie, si elles concourent à la production d'un homme normal, engendrent un reste qui est le désir de sortie de la norme, le désir de contrer la norme dont l'origine est à chercher dans le fait que le soi, produit par les normes, n'est pas totalement ajusté à elles, dans la mesure où la vie, que les normes puis le soi présupposent, apparaît toujours en excès par rapport aux normes et ainsi fait retour sur elles, les obligeant à concéder du terrain, ou à défaut, à déserrer un étau qui ne peut jamais être total. Nous sommes bien, de ce point de vue, dans une société de la normalisation[1] mais nous ne sommes pas pour autant (ouf) dans une société de l'homme normal puisque la cohérence des normes qui rendrait possible la création d'un tel homme suppose un reste en lequel la vie psychique peut, en se retournant contre soi, se retourner contre les normes qui le produisent.

1. Cf. Michel Foucault, *Les anormaux*, Cours au Collège de France 1975, Paris, Gallimard-Seuil, 1999, p. 24. Voir surtout, Cours au Collège de France 1976, Paris, Gallimard-Seuil, 1997, p. 225.

chapitre 4
les hommes atypiques

Que signifie pour l'homme vivre dans une société de normes ? Négativement, il faut concevoir que l'agir humain ne se laisse pas ramener à la seule production d'une activité définie en termes de légalité. La légalité qualifie un espace d'actions possibles. Elle n'implique pas, sauf dans certaines procédures bien précises, des comportements à réaliser. La loi ne fait pas pression pour une action unique. C'est pourquoi il n'y a pas, à proprement parler, à rester dans la loi, sauf pour celui qui l'ignore et peut en sortir à tout moment ou pour celui qui se pose consciemment ce problème, soit parce qu'il a envie d'en sortir pour en retirer un bénéfice, soit parce qu'il entend faire carrière dans la délinquance. Les lois apparaissent, en règle générale, comme les points de suture invisibles du corps social[1], convocables à tout moment, mais restant la plupart du temps dans l'ombre de l'évidence des actions communes

1. Voir les *Principes de la philosophie du droit* de Hegel, Paris, Vrin, 1989, § 268, add., p. 270 : « Les hommes sont persuadés que l'État doit subsister et qu'en lui seulement les intérêts particuliers peuvent être satisfaits ; mais l'habitude nous aveugle au point de rendre pour nous invisible le fondement sur lequel repose toute notre eixstence. Lorsque quelqu'un marche dans la rue en pleine nuit sans danger, il ne lui vient pas à l'esprit qu'il pourrait en être autrement ; car l'habitude d'être en sécurité est devenue pour nous une seconde nature et l'on ne se rend pas compte que cette sécurité est uniquement le résultat d'institutions particulières ». Bruno Karsenti insiste, à juste titre, sur le fait que l'invisibilité du danger résulte d'une certaine invisibilité des institutions politiques elles-mêmes. Cf. « Le criminel, le patriote, le citoyen. Une généalogie de l'idée de discipline » dans *La société en personne*.

qu'elles contribuent à rendre possible en soustendant la pluralité même des actions et en dessinant une frontière juridiquement définie entre les actions légales et les actions illégales [1]. La frontière de la loi est alors une frontière entre être social et non-être social, entre des modes d'être incorporés, perçus comme ne posant pas problème et des modes d'être se retournant contre le social en fonction des problèmes qu'ils engendrent et du type de résolution disciplinaire qu'une société met en place pour se défendre, en définissant d'abord dans des actes d'expertise la nature des problèmes et en recherchant, dans un second temps, le coût social de ces problèmes (punition, réparation, peines de substitution ...).

S'il n'y a pas à proprement parler à rester dans la loi parce que tout est fait pour que ce rapport à la loi soit le plus évident possible, il n'en va pas de même pour la norme. C'est que cette dernière est moins une couche souterraine du corps social qu'une forme visible, exhibée dans le détail de ses manifestations par le corps social. La loi est cachée dans le sous-sol, la norme est superficielle et ce déplacement topologique a pour rançon une sortie possible de la norme. Je ne peux pas tuer la loi même si je peux la transgresser : la loi cesse alors de se cacher pour devenir hautement visible, se tenir en face. Je peux, au prix de souffrances évidentes, saccager la norme, la défaire et ainsi indiquer une issue possible, non pas au sens où la norme cessera de fonctionner, chose effectivement rare qui correspond à une transformation des normes par un sujet collectif, mais plutôt au sens où elle cessera de passer par mon

1. Catherine Larrère montre, à propos de Montesquieu, que « l'essentiel, pour une loi, n'est pas tant d'être contraignante, ou répressive, et d'empêcher de mal agir, que de fournir un cadre à l'action ». *Cf.* « Le gouvernement de la loi est-il un thème républicain ? », *Revue de Synthèse*, avril-septembre 1997, p. 248.

corps, mes comportements, mes manières d'être. Qui n'a pas éprouvé le désir, à un moment ou à un autre, de sortir de la norme, qu'elle nous laisse en paix, pour pouvoir commencer son travail à soi ? Cette sortie ne se réduit pas à une vision romantique du poète entrant en conflit avec le monde bourgeois auquel il est par ailleurs lié puisqu'il s'adresse à lui. Elle ne se réduit pas non plus à la crise d'adolescence qui établit une fracture entre l'adolescent et les modes d'être parentaux. Il ne faudrait cependant pas en déduire que ces deux issues à un type de norme sont insignifiantes au regard de ce que vise l'expression, sortir de la norme. C'est qu'il y a un point commun entre le poète et l'adolescent. Il concerne l'affirmation inconditionnée d'un certain modèle de création comme valeur de la vie humaine.

L'adolescent entend littéralement se réapproprier sa vie. Il le fait par des actes de désappropriation qui sont des actes de désaffiliation, lesquels supposent, en règle générale, le passage à un autre corps biologique, existentiel et social que le corps engendré par les géniteurs [1]. *Piercing*, modes vestimentaires, mots de la tribu, comportements singuliers ... ne sont pas seulement les effets de certaines normes qui situent l'adolescent dans un modèle spécifique, dans cet endre-deux typique qui leur donne la possibilité de se détacher des normes familiales et des normes sociales valorisées par les normes familiales sans pour autant être encore attachés aux futures normes des milieux de travail. Ils doivent être pensés comme un effort pour reprendre en main sa propre vie, comme la construction d'un rapport à soi qui ne passe plus par

1. Les romans de Melanie Rae Thorn mettent particulièrement en avant cette disposition au flottement qui peut conduire à un certain pouvoir de métamorphose de l'adolescence.

l'affiliation à des normes dominantes. Ce sont, pour le dire autrement, des indicateurs d'un style, non affranchis de modèles normatifs (bien au contraire) qui proposent autant de comportements typiques à l'adolescent, non affranchis également d'une expérience de l'ennui qui est le propre d'un flottement dans les normes. C'est ainsi que Pialat peut, dans *Passe ton bac d'abord*, porter à l'écran ce désœuvrement dans la vie d'adolescents que l'attente du baccalauréat ne parvient pas à électriser et qui, de ce fait, nagent entre deux eaux, un pied dans la norme, un pied dans les courants d'air qui les portent vers la plage, vers les cafés, vers les lieux où les « soi » peuvent, de manière intranquille, recoller les morceaux et se mettre en jeu.

C'est ainsi qu'il existe toute une scénographie de la vie ordinaire qui est le propre de l'adolescence et qui suppose des lieux (un chez soi en dehors de chez soi qui sera un local, un café plutôt qu'un autre), un temps d'errance (l'après cinq heures des lycéens), des musiques, une langue, une manière spécifique d'embrasser, *etc.*, toute une vocation à l'inoccupation (rêverie, ennui, *spleen*) à l'intérieur même de l'état d'occupation que produisent les normes [1]. L'adolescent crée son monde, à la manière d'un nid, dans le monde même qui le produit. Ces créations sont des individuations dont la clef est la possibilité d'une reprise constante de sa vie [2]. Il y a là tout le contraire d'un travail de deuil, un travail de vie (dont éventuellement il faudra faire le deuil quand l'adolescent renoncera à l'adolescence) qui prend sens en raison même d'un certain appel du large qui se trouve brusquement compressé à l'extrê-

1. Voir à ce propos *L'occupation américaine* de Pascal Quignard.
2. Habermas, *L'avenir de la nature humaine*, Paris, Gallimard, 2002.

me dans les familles dont le propre est de faire prévaloir la loi. Naturellement, ces revendications d'air frais ne prennent pas les mêmes formes selon qu'elles se développent dans des structures bien campées qui rendent possible des conflits avec un pôle d'autorité ou selon qu'elles apparaissent dans des structures délisquescentes, elles-mêmes totalement poreuses à l'égard d'une violence sociale qu'elles ne font que reproduire. On sait que nos sociétés sont de plus en plus des sociétés de l'esquive, marquées par l'impossibilité de la conflictualité du fait même du déclin des autorités [1]. La crise des conflictualités, qui est une crise des autorités, donne, de fait, à la revendication d'air frais, au désir de fuir les normes, des formes souvent extravagantes, imprévisibles qui, surtout, courent le risque d'être requalifiées par les normes à chaque instant dans la mesure où elles peuvent apparaître comme de simples esquives inconscientes de leurs propres potentialités créatrices. Il n'en reste pas moins qu'il y a un devenir monde inchoatif de l'adolescent qui réoriente la vie ordinaire au risque d'en faire une magie des au-delà, un livre des fuites crépusculaires. Littéralement, l'adolescent aspire à rejoindre le monde. Son désir de sortir de papa-maman est un désir de monde. C'est que le territoire familial est toujours trop étroit. C'est surtout que le désir dont on peut dire qu'il est la vie dans le processus d'individuation [2] est toujours une traversée des territoires, une déterritorialisation qui nécessite des agencements singuliers.

1. Cf. Marc-Olivier Padis, « De l'art du conflit à l'art de l'esquive », *Esprit*, octobre 2000, p. 170-172.

2. Voir à ce propos Renaud Barbaras, *Le désir et la distance*, Paris, Vrin, 1999, chapitre V, « Le désir comme essence de la subjectivité ».

La vie ordinaire qui est tout autant territorialisation que déterritorialisation, norme que trou noir, est mise en scène par l'adolescent. Ses désirs glissent à chaque instant hors de papa-maman et rejoignent le monde, désir d'indiens, désir d'Afrique, désir de mer, *etc.* « L'immortel père de *Mort à crédit* s'écrie : tu veux donc me faire mourir, c'est ça que tu veux, hein, dis ? Nous ne voulions rien de semblable, pourtant. Nous ne voulions pas que le train fût papa, ni la gare maman. Nous voulions seulement l'innocence et la paix, et qu'on nous laisse machiner nos petites machines, ô production désirante »[1]. Il y a, pour le dire autrement, une forme bouleversante du désir qui tient à la nature bouleversante de la vie elle-même. Deleuze et Guattari affirment que le désir est révolutionnaire dans la mesure où les sujets de désir sont des vies au plus près de leur individuation. Ceci ne signifie pas que les désirs sont asociaux mais qu'ils prennent le social dans des recompositions inédites, quitte à le faire tourner en bourrique ou sur lui-même jusqu'à ce qu'il perde un peu la tête (c'est pourquoi il se venge toujours). La norme refoule le désir qui la bouleverse par ses recompositions singularisantes. Comme l'écrivent les deux auteurs : « pas de machine désirante qui puisse être pensée sans faire sauter des secteurs sociaux tout entiers »[2]. Encore faut-il que ces désirs ne soient pas le simple prolongement des normes, qu'ils ne soient pas des productions de l'homme typique et de ses étalons de majorité. On comprend effectivement que la norme ait tellement intérêt à juguler les désirs, à les reconstruire selon ses propres polarités, que le désir, pris en lui-même, est toujours une anomalie sauvage pour la

1. Gilles Deleuze, Félix Guattari, *L'anti-œdipe*, Paris, Minuit, 1972-1973, p. 135.
2. *Ibid.*, p. 138.

norme. Seul donc un désir minoritaire peut trouer la norme. Qu'est-ce qui fait minorité ? La singularité d'un agencement, ce qui suppose l'apparition d'un style, c'est-à-dire d'une tension individuante entre le territoire et les lignes de fuite qui le secouent.

L'adolescent peut alors être pensé comme cette catégorie générique (on peut ainsi être adolescent à 50 ans comme ne jamais l'être) qui désigne, dans la mise en scène singulière qui est la sienne, une puissance de déplacement des normes dans les lieux mêmes où elles opèrent, dont l'origine est à chercher dans un désir incompressible de reprise de soi qui suppose des désirs minoritaires, certains branchements à des flux mondiaux qui peuvent, le cas échéant, rendre malades [1] ou ne pas avoir lieu parce que les désirs sont également toujours majoritaires, inscrits dans des types, rapportés à des étalons de normalité. Surtout, comment un désir peut-il être minoritaire alors que l'attachement vital du bébé puis de l'enfant aux parents, conjugué avec l'autorité qu'ont les parents sur les enfants, implique qu'il se tourne vers leur propre organisation et qu'il en vienne à confondre, dans un retournement vers soi qui a valeur de naissance pour le soi, son désir et la formulation du désir par l'ensemble des règles que les parents et le monde adulte formulent ? L'enfant ne peut grandir que par l'incorporation des désirs majoritaires enregistrés dans la famille. Certes, la famille n'est pas nécessairement en position de formulation des normes majoritaires, non seulement parce qu'il existe des recompositions familiales qui correspondent à autant de réinventions de la famille du fait des nouveaux

1. Miguel Benasayag et Gérard Schmit, *Les passions tristes*, Paris, La Découverte, 2003, p. 70-77.

contrats d'égalité entre les hommes, entre l'homme et la femme, entre les femmes[1], mais également parce que les familles peuvent reformuler aussi, dans une certaine mesure, le rapport aux normes et susciter par là d'autres polarités chez l'enfant. Il reste que la famille est, à son corps défendant ou consentant, une « surface d'enregistrement du *socius* »[2]. La famille enregistre la production sociale. Les parents ne peuvent pas dire aux enfants que le travail n'est rien, que l'autorité n'est rien. Ils peuvent mettre en perspective (et c'est déjà beaucoup !) le travail et l'autorité en les branchant sur des désirs réellement minoritaires mais ils ne peuvent effacer les normes dans lesquelles ils sont eux-mêmes inscrits. C'est pourquoi effectivement, « la famille s'introduit donc dans la production de désir, et va, dès le plus jeune âge, en opérer un déplacement, un refoulement inouï »[3]. On comprend alors que l'expérience désirante soit aliénée en désir majoritaire et qu'elle ne puisse se retourner en désir minoritaire que par le reste, dont j'ai déjà parlé (et sur lequel je reviendrai dans le chapitre sur la vie psychique) que la norme incorporée révèle nécessairement quand elle produit le soi, du fait même de l'excès de la normativité vitale sur la normalité sociale. Tout se passe alors comme si l'adolescent fait inconsciemment retour à cette vie créatrice au moment où il pressent que s'exercent sur lui les différentes pressions de la normalité.

L'adolescent est un personnage conceptuel, comme le malade, l'immigré, l'enfant, le poète. Le rôle de la philosophie, d'après Deleuze, est de créer des personnages conceptuels, des vies

1. Cf. Irène Théry, « La côté d'Adam. Retour sur le paradoxe démocratique », dans *L'un et l'autre sexe*, Esprit, mars-avril 2001, p. 10-22.

2. Deleuze, Guattari, *L'anti-oedipe*, *op. cit.*, p. 143.

3. *Ibid.*, p. 143.

philosophiques qui sont comme autant d'expériences qui vont jusqu'au bout de leur être, qui s'épuisent dans leur scintillement intensif[1]. Un autre personnage conceptuel qui demande un peu d'air frais est le poète. Lui aussi n'existe que comme écart. Seulement cet écart ne consiste pas nécessairement en un mode de vie, comme c'est le cas du dandy de Baudelaire, mais une expérience de soi dans la création. Il est significatif que cette expérience de soi s'adresse tout autant à une norme qu'elle conteste dans une pratique artistique qu'à cet art qu'on appelle poésie qui n'est certes pas étranger aux règles ou aux contraintes (rimes, pieds ...) mais qui reste l'art le moins normé dans la mesure où il est particulièrement difficile à cerner, presqu'insaisissable. La poésie n'est pas n'importe quelle forme d'art mais l'art même de tourner le dos aux exigences immédiates de la vie ordinaire. La poésie n'est que style, coup de balai dans la langue majoritaire pour libérer tous les devenirs minoritaires. Le poète est ainsi le personnage du bord de la norme. Sa vie suppose des disparitions (Rimbaud), des gouffres (Nerval, Micvaud), des lignes de fuite (Hölderlin), des enfermements. Souvent ces « qualités » se télescopent et forment un seul monde qui pousse le poète à la limite de la cohérence, à la limite des normes. C'est pourquoi il n'y a pas de poésie, tout comme il n'y a pas d'art, sans une forme de sauvagerie retournée contre la norme. Elle est une écriture aux limites mêmes de la langue, écriture sauvage qu'un vent lointain adresse à un destinataire improbable, le lecteur, qui saura revenir à cette sauvagerie et à cette revendication d'un bol d'air frais dans la langue alors même que la proximité de la poésie à la norme suppose

1. Deleuze, *Qu'est-ce que la philosophie ?*, Paris, Minuit, 1991, p. 60-82.

l'ensemble des remparts qu'une société ne cesse de construire contre tout sabir barbare, contre tout métissage des identités. La poésie n'est donc pas seulement un écart dans la langue, ce n'est pas seulement une langue étrangère, fleur des sous-bois qui apparaît dans notre propre langue, renvoyant la langue à ses ultimes possibilités. Toute la littérature, en ce sens, est une poésie puisque, comme le rappelle Proust, « les beaux livres sont écrits dans une sorte de langue étrangère »[1]. La poésie ramasse la littérature sur elle-même en mettant en jeu une expérience de l'écart. Elle est le style à l'état le plus condensé qui soit. Ce que la poésie apporte en plus en revanche, c'est qu'elle fait entrevoir le personnage conceptuel du poète comme celui qui disparaît dans son expérience poétique, qui se confond avec elle et qui, ce-faisant, apparaît comme un personnage invisible pour les normes elles-mêmes, une espèce de passe-muraille[2]. Le poète est tout entier dans la disparition. Invisible aux normes, il est le créateur des écarts les plus lointains et les plus étranges en ce qu'il s'en prend aux normes mêmes du langage, au genre linguistique qui exige la stabilité dans la langue alors que la poésie est métastable, glisse en permanence et réordonne l'équilibre de la langue à son déséquilibre inchoatif. La poésie n'est pas seulement en rupture de normes. Elle est une fenêtre sur les normes. Par elle, la norme fait l'expérience de la précarité, apparaît trouée et ces trous sont comme autant d'évasions possibles pour tous ceux qui sont soumis à une seule langue, à une langue pauvre et mécanique, et rêvent de lui retourner un peu de sa violence. Genet explique qu'il est un voleur de la langue même dont il

1. Proust, *Contre Sainte-Beuve*, Paris, Gallimard, 1954, p. 297.
2. Cf. Christophe Hanna, *Poésie Action Directe*, Paris, Al Dante, 2003.

fut, par ailleurs, séparé à la naissance [1]. Genet est un personnage conceptuel. Le vol de la langue est la révolte de ceux qui sont assujettis à une norme et tentent de la retourner contre elle-même, en se retournant eux-mêmes sur la norme qui les produit, imprimant ainsi dans la langue non un retour à soi (la norme s'en est déjà chargée) mais un retour de retour à soi, figure limite du soi où le soi disparaît presque puisqu'il est alors à la limite de l'existence, dans un dérèglement de la vie réglée. Et on songe ici à Rimbaud et au dérèglement de tous les sens qui suppose, au préalable, une vie réglée, qui suppose également que la poésie fasse émerger un soi déréglé, un qui ne peut être qu' « un autre ».

L'adolescent et le poète sont les personnages conceptuels malmenés par la norme et qui parviennent à défaire son étau, au prix d'expériences qui poussent les normes à leur limite, révèlent en elles une fragilité insoupçonnée. Ainsi la norme est hantée par sa destruction possible. Il n'y a pas de norme qui ne soit travaillée par son hypothétique disparition. Contrairement à la loi, anonyme, qui s'adresse à tout le monde et à personne à la fois, la norme est toujours susceptible de colorer des visages qu'elle éclaire, des personnages qu'elle suscite. La norme est une posture secrètement reliée à son négatif, à l'ensemble des impostures qui la trouent. En elle, la trace des pathologies trouve encore à se manifester. De telle sorte qu'une norme qui ne serait une norme qu'en elle seule, dans sa seule typique, ne serait plus une norme mais une abstraction, une idéation ou un idéal selon les cas. Une norme n'est une norme que dans les écarts qu'elle fait jouer, qu'en fonction des impostures qui se retournent contre sa posture. Le drame pour la norme c'est que

1. *Journal du voleur*.

justement en s'écartant de la norme, un écart peut trouver à se développer et, le cas échéant, conduire à une nouvelle norme. Une querelle des normes est l'effet des normes elles-mêmes, quand elles se retournent par l'air frais qu'elles suscitent et qui est comme un coup de balai dans le quadrillage des normes. Une norme est peuplée de personnages conceptuels.

chapitre 5

l'attachement, l'adaptation et la centralité

Qu'est-ce alors que l'homme normal si ce n'est une entité abstraite, débarassée des conflits de normes dans lesquels sont situés les sujets ? L'homme normal c'est alors le rêve (cauchemar ?) d'une vie dans une seule norme qui la déroule (les normes du travail par exemple) et en laquelle elle s'exhibe, protégée de l'adversité, de ses terreurs, de tout le négatif qui la hante et ne cesse de la hanter, par le liseré homogène d'une norme ou d'un ensemble de normes en laquelle elle se fond pour ne pas avoir à être. Et il est vrai qu'être normal en ce sens, c'est à la lettre préférer une posture d'intégration à l'être, ce qui revient à être sur le mode de la posture, forme même de la normopathie, laquelle consiste dans une incorporation extrême des normes sociales [1], à l'instar du conformiste dont le seul souci est de coller aux règles, quelque soient les règles [2]. L'être normal est un fantôme d'être plutôt qu'un être réellement parlant. D'où vient cet appel à la norme ? D'où vient cet appel paradoxal à une norme susceptible de libérer par avance de l'appel (un peu d'air frais voyez-vous) à d'autres normes ? Car l'homme normal est cet homme particulier qui congédie les

1. Yves Buin, « Normopathie », dans *L'homme normal*, *op. cit.*, p. 55.

2. Il importe de ce point de vue d'inscrire le conformisme dans une analyse plus vaste qui prend au sérieux la centralité psychique des normes plutôt que de considérer le conformisme du seul côté des processus d'influence qu'il serait censé exprimer. Cf. Serge Moscovici, *Psychologie des minorités actives*, *op. cit.*, p. 48-55.

inventions de normes au nom de la soumission à une seule norme. L'homme normal c'est celui qui ne veut rien avoir à connaître d'un futur des normes, dans la mesure où celles-ci sont toujours trop minoritaires, non encore suffisamment engagées dans ce processus de la majorité qui qualifie un homme-étalon, mesure de toutes choses, l'homme-blanc-occidental-marié-travailleur intégré. L'homme normal, c'est on le voit, un peu chacun de nous, un homme sans devenir, qui se soutient éternellement face à tous les devenirs du monde. La littérature ne cesse d'opposer à l'homme normal l'expérience même des devenirs. Le devenir-noir de Genet, le devenir-femme d'Orlando de Virginia Woolf, le devenir-indien de Le Clezio, le devenir-enfant de Gombrovicz, le devenir-clochard de Beckett sont, à la lettre, des visions littéraires qui imposent les devenirs les moins perceptibles, les moins qualifiables, lesquels ne pourront être perçus, du point de vue de l'homme normal, que comme des pathologies en attente d'un tribunal, comme d'insupportables insurrections, risibles au bout du compte parce qu'infiniment grotesques et minuscules. Pourquoi faudrait-il désirer le minuscule plutôt que le majuscule ? Et les rhizomes ? Et les flux de la vie mentale ? Et les désirs ? Et les perceptions infinitésimales ? Et les variations ? Qui poussent, bousculent, décident et s'échappent. Des vies minuscules qui bégaient dans le flux des normes [1]. Des vies de presque rien qui s'échappent de l'identité de l'homme normal, dégonflant ce ballon prétentieux qui n'en finit pas de voler au-dessus de nos têtes.

1. Toute une littérature française a essayé de porter la richesse de ces vies minuscules. Citons seulement Marcel Scwob, *Cœur double*, Paris, Gallimard, 1934, Pierre Michon, *Vies minuscules* ; Henri Thomas, *Le parjure* et Georges Perros, *Papiers collés*.

Et l'on comprend du même coup ce que c'est que l'homme normal, un ajustement négocié à une norme majoritaire dans le flux des normes, faisant violence à ce flux, se retournant contre lui et imposant un sujet de la norme qui n'est jamais assuré de la normalité de sa subjectivité puisque la subjectivité est elle-même le retournement de la norme sur soi, qui contraint un sujet à répéter des normes, au risque de se voir disqualifié par les normes mêmes qui le font. Ainsi que l'écrit Judith Butler : « Le sujet est contraint de répéter les normes par lesquelles il est produit. Toutefois, cette répétition établit un domaine de risque, car si l'on ne réussit pas à rétablir la norme, on devient sujet à d'autres sanctions et l'on voit ses conditions actuelles d'existence menacées »[1]. Du bon sujet de la norme au mauvais sujet sanctionné par la norme il n'y a pas loin dans la mesure où l'opération de conformité à la norme ne suppose pas son intériorisation mécanique par un sujet mais un travail d'incorporation de la norme qui n'a rien d'évident en ce qu'il expose également le sujet à la sanction même de la règle, quand le risque de ne pas répéter la norme devient présent. L'intériorisation de la norme suppose que je sois à la hauteur de la règle sociale, ce qui implique une véritable activité que je ne suis pas sûr de tenir jusqu'au bout. La souffrance psychique est l'effet d'une activité d'incorporation de la norme par le fait même qu'en se retournant contre soi pour devenir homme normal, le sujet s'expose à tout ce qui dans le soi fuit les normes, les désirs de contrer la norme qui sont une part essentielle de la vie elle-même. L'homme normal est ainsi doublement scindé. Non seulement le désir de la normalité l'expose à un reste qui le hante, désir d'anormalité,

1. Judith Butler, *La vie psychique du pouvoir*, *op. cit.*, p. 59.

mais encore la répétition des normes de normalité implique une dépendance du sujet envers ces normes qui ne laisse aucune place au désir d'air frais, jouant dès lors l'homme normal contre lui-même : il n'y a alors d'homme normal que sur fond d'une violence du "Je" fabriqué dans l'attachement passionné aux normes sur le "Je" soustrait à cet attachement. Il y a plus. Une telle soustraction voue le sujet à la seule réussite dans les normes. Le sens d'une existence n'est alors que la justification autorisée par les règles elles-mêmes. Ce qui, du même coup, expose le sujet à n'être que ce qu'il réussit à être dans les normes. Le sujet normal rejette la part restante comme son autre alors même qu'elle apparaît comme son double réel.

Il existe donc, sur ce plan, une véritable maladie de l'homme normal, mentale et sociale. L'homme normal est l'homme qui se retourne contre lui-même pour être le sujet des normes qui le produisent. L'homme normal est aussi l'homme qui, dans le même temps, s'expose au déni de la norme, au mépris de la norme. Ainsi l'homme normal n'accède à sa normalité que sur fond d'une métamorphose psychique qui le voue à la maladie sociale. La métamorphose, transformer son soi au moment où il est produit avec un reste, du fait des normes auxquelles il est attaché, se double d'un pouvoir tomber malade social qui est le fait même de l'homme normal. Grégore Samsa, dans *La métamorphose* de Kafka, en est un archétype. Se rêvant homme normal, Grégore Samsa est repris par la part réfractaire de son soi et contraint à un devenir animal, à une transformation en cafard qui le prive du travail qu'il espère cependant continuer à réaliser pour pouvoir rejoindre désespérément sa normalité. Le changement d'être est une conséquence de son état de normalité. La maladie de Samsa est une étrange trajectoire de retour vers soi, d'un soi non pas d'avant le partage des normes (ce qui est proprement impossible) mais d'avant la soumission à la norme. Le devenir animal est une logique de résistance, malgré soi, à la soumission à la normalité. L'état de normalité est violence sur les devenirs et ainsi construction d'une qualité qui joue comme stigmate pour tous les devenirs possibles. Dans ce blocage, il y a bien changement de forme du soi, métamorphose et ainsi exposition à la maladie.

Ce qui est en jeu dans l'accès à la normalité c'est alors une certaine forme de justification qui passe par les trois moments de l'attachement, de l'adaptation et de la centralité de certaines normes sociales. Ce qui suppose une compatibilité entre la vie psychique du sujet et les normes sociales d'une part, une cohérence d'autre part entre les normes sociales. Ces deux points ne sont aucunement évidents. La vie du sujet est construite par l'attachement à des normes mais cet attachement n'a rien d'une intériorisation. Cette dernière, pour exister, suppose en effet un noyau d'intériorité préalable qui assentit, dans un second temps, au contenu des règles qui se proposent à elle. Il existe bien une vie psychique du sujet avant la norme. Seulement cette vie psychique est présubjective, elle est une certaine individuation vitale, elle ne peut se développer en "Je" qu'au moment où son attachement à des pouvoirs extérieurs le construit comme sujet des normes, sujet de pouvoir. En ce sens, la présence du surmoi n'est pas un luxe pour le moi, c'est sa condition de possibilité, ce qui permet à une vie psychique de se retourner en moi, laissant de côté des qualités mentales présubjectives qui continueront à peupler la norme, à la hanter de désirs intensifs. Il n'y a pas une antériorité du sujet mental sur la norme alors même qu'il existe une certaine antériorité de la vie mentale, en tant qu'activité mentale vitale, sur la norme. Seulement cette antériorité n'a rien d'un sujet antérieur. Elle est une certaine fonction biologique, une individuation vitale qui est le fond obscur des individuations sociales ultérieures[1] en laquelle est produit l'engendrement du sujet en raison même de l'attachement vital et social de l'individu aux normes qui lui permettent de persévérer dans son être.

Il est important d'en revenir à une critique de l'intériorisation car elle laisse de côté l'ensemble des résistances que les sujets opposent aux normes dans l'acte même de leur assentir. Ainsi que l'écrit Christophe Dejours, « rien ne paraît plus difficile que l'intériorisation d'une contrainte venant de l'extérieur » dans la mesure où la « subjectivité se fait d'abord connaître au clinicien comme une réserve inépuisable de résistances, aussi bien volontaires qu'involontaires, au réel »[2]. La subjectivité qui est produite dans l'attachement aux normes ne consiste pas dans la simple intériorisation des normes mais dans un même mouvement d'affirmation et de rejet de la norme à laquelle elle s'attache. Le sujet est, à la lettre, un pli[3] de la vie dans la norme au double sens d'une vie de la norme dans le sujet et d'une certaine norme de vie qui continue à cheminer dans la norme même et, le cas échéant, à lui résister.

La justification suppose des procédures d'attachement plutôt que d'intériorisation par lesquels se construit l'adaptation aux normes sociales, adaptation qui suppose de mettre de côté toutes les procédures pré-subjectives de résistance à la norme qui qualifient autrement le sujet. Les résistances ne dispa-

1. Gilbert Simondon, *L'individuation psychique et collective*, Paris, Aubier, 1989, p. 175-215.
2. « Réhabiliter la normalité ? », dans « L'homme normal », *op. cit.*, p. 56.
3. Sur la notion de pli et sur la subjectivité comme pli, voir Deleuze, *Foucault*, Paris, Minuit, 1986, p. 101-130.

raissent pas dans l'attachement. Elles continuent de hanter les actions du sujet sous forme de possibles impossibles ou de possibles non réalisés. La vie mentale ne consiste pas dans l'intention de s'attacher à des normes. Cet attachement, avec les résistances qu'il suscite, est antérieur à l'intention, se réalise à un stade pré-conscient. Il prend naissance dans l'attachement inconditionné de l'enfant à ses parents. C'est seulement lorsqu'il bascule du côté d'une logique de l'adaptation qu'il est amené à prendre une forme consciente. C'est là que les résistances qui prennent naissance dans l'excès de la vie sur la norme deviennent, éventuellement, des possibilités d'action pour un sujet non réalisées dans l'action elle-même. L'adaptation suppose donc plus qu'un attachement, une certaine intention de coïncider avec les normes qui fait du sujet attaché un sujet conscient des raisons pour lesquelles il s'estime attaché. Une telle conviction n'est jamais surplombante. Elle est le fruit d'une activité cognitive qui se retourne sur les processus de retournement de la norme en soi.

La conscience de soi présuppose l'attachement à la norme. Elle ne peut donc jamais saisir l'attachement lui-même. Elle peut même apparaître comme une étape dans le processus d'attachement en ce qu'elle désigne pour un individu l'acte de se retourner sur soi au moment où l'on est tourné vers la règle [1]. La conscience n'est donc pas en dehors du processus d'attachement et c'est pourquoi elle est toujours débordée par lui. L'adaptation qui présuppose la conscience n'implique donc pas une conscience souveraine mais au contraire elle est le fait même d'une conscience appauvrie, d'une conscience qui s'épuise à rejoindre ce qui la produit. L'épuisement de la

1. Judith Butler, *La vie psychique du pouvoir*, *op. cit.*

conscience n'est pas un luxe. Toute conscience participe de cet épuisement dans la mesure où elle tend à être seulement la forme cognitive de l'attachement aux règles. Seulement l'adaptation pousse ce processus à l'extrême, en interdisant à la conscience de s'ouvrir à tous les possibles subjectifs qui la hantent. L'adaptation devient, de ce fait, la règle d'une conscience épuisée qui s'efforce de rejoindre les normes auxquelles elle est par ailleurs attachée. Dans ce processus, la conscience est au plus près de la règle, encore séparée par le mince liseré de possibles subjectifs presqu'évanescents, qui reviennent en rêve la hanter, spectres de vie possibles congédiés par une certaine normalité que l'on cherche à rejoindre par tous les moyens. La conscience de l'homme normal est une conscience retrécie à la seule activité de persévérer dans les normes qui en produisent le contenu cognitif. La conscience de l'homme normal est ainsi exclusivement opératoire. Elle est un instrument d'estimation des trajectoires d'adaptation liée au repérage des normes tenues pour centrales.

La centralité de certaines normes constitue alors le troisième moment d'une justification de l'homme normal. L'hypothèse de la centralité n'a de sens que pour une conscience. Elle est une fonction psychique. Elle désigne ce par quoi une instance psychique peut se construire comme instance psychique. Je reviendrai sur cette hypothèse de la centralité dans le chapitre sur la vie psychique mais il est clair, dès à présent, que la centralité est un maillon essentiel dans la construction de l'homme normal. Tenir qu'il existe certaines normes qui sont centrales, c'est littéralement achever le processus d'attachement à ces normes. La centralité est l'ultime étape de l'attachement aux normes puisqu'elle suppose un discernement dans les normes mêmes entre les normes majeures et les normes mineures. Elle met fin au bégaiement de la vie psychique en ce qu'elle permet un renoncement aux possibilités d'actions subjectives refoulées dans la sphère inconsciente de l'impossible et suscite la performativité du sujet dans les normes retenues.

chapitre 6
les règles du travail

L'argument de la centralité s'excerce principalement dans le travail. D'une manière générale, la normalité sociale trouve dans le travail son terrain d'élection. Il est facile de comprendre pourquoi. Le travail crée les conditions de possibilité de la vie elle-même. Certes on ne vit pas pour travailler mais on travaille bien pour vivre et, de ce fait, l'attachement aux règles du travail est un attachement vital que les sujets désirent passionnément réaliser. Les psychologues ont donc raison d'affirmer que le travail n'est pas une activité quelconque mais ils l'entendent, c'est tout l'intérêt, dans un sens plus précis. Pour Yves Clot, « le travail n'est pas une activité parmi d'autres. Il exerce dans la vie personnelle une fonction psychologique spécifique (...). Et ce précisément en raison du fait qu'il est une activité dirigée »[1]. La subjectivité trouve dans le travail le moyen de vivre mais il y a plus du fait même qu'elle se révèle dans une expérience du travail conçu comme activité dirigée. Pour comprendre l'expression d'« activité dirigée », il faut revenir à l'analyse antérieure de la vie mentale. Parler d'une activité dirigée c'est soutenir deux choses : c'est dire que l'activité est contrainte, qu'elle se fait dans des normes prescrites qui orientent et encadrent le cours de l'action mais c'est affirmer aussi que, malgré ces contraintes, malgré cet

1. Yves Clot, *La fonction psychologique du travail*, Paris, P.U.F., 1999, p. 3.

encadrement, elle reste une activité qui doit être comprise comme l'exploration d'un milieu de vie par un sujet. C'est précisément sur ce point que le travail exerce une fonction psychologique primordiale. Il redonne l'occasion à un sujet de se réaliser comme sujet. Cette occasion peut être une bonne ou une mauvaise occasion[1]. Surtout une occasion n'est pas une vérité. C'est bien plutôt un milieu potentiellement individuant, un milieu en attente d'individuation[2].

Que signifie le fait qu'un sujet peut se réaliser comme sujet à l'occasion du travail ? Précisément, soit il réduit le sens de son activité à l'accomplissement des normes du travail, les tenant pour centrales dans sa constitution même de sujet. Soit il les accomplit en récupérant le sens subjectif de son activité et en l'introduisant dans la réalisation même de ses normes. Seule la première position réalise vraiment la valeur de centralité du travail. En elle se révèle un certain renoncement du sujet à être soi. Seulement le renoncement continue à hanter le sujet. Les possibles non réalisés du sujet ne disparaissent pas dans l'activité du travail. Ils dessinent une ombre chinoise sur le tableau de la centralité puisqu'ils révèlent l'excès du volume subjectif sur la centralité elle-même. C'est que « l'homme est plein à chaque minute de possiblités non réalisées »[3]. L'hypothèse de la centralité fait fi de ces possibilités. L'homme normal est alors un homme vidé de ses possibles, ramené au seul comportement qui assure la réalisation de la norme du travail. L'homme normal est celui qui s'oblige à se mouler dans

1. Voir sur ce point le livre de Tommaso di Ciaula, *Bleu de travail*, Paris, Actes Sud, 2002 pour la traduction française.

2. Olivier Schwartz, *Le monde privé des ouvriers*, Paris, P.U.F., 1990, réédition , 2002.

3. Vygotski, « Le problème de la conscience dans la psychologie du comportement », cité par Yves Clot, *La fonction psychologique du travail*, *op. cit.*, p. 119.

le système de réactions mentales qui ont rendu possible un tel comportement, délaissant les possibles subjectifs inopérants ou encombrants du fait qu'ils sont des cristallisations de désir, lequel désir est par ailleurs de plus en plus appauvri.

Ces possibles continuent pourtant d'exister chez l'homme normal. Ils forment désormais une vie mentale interdite, présente dans le réel de l'activité de travail mais comme une subjectivité barrée, forclose du fait de la centralité de la normalité dans le travail. L'homme normal est alors celui qui éprouve sa vie sous la forme d'une deuxième vie, interdite, mais cependant présente dans l'interdiction même. Que signifie pour un sujet de ne jamais pouvoir accéder au deuxième sujet qu'il est par ailleurs ? Positivement, cela indique qu'il donne sens aux seuls possibles subjectifs qui confirment la valeur de centralité des normes du travail. L'adaptation implique, et c'est pourquoi une opération de conscience (le plus souvent elle-même seulement opératoire) est nécessaire, un tri des possibles en direction de la centralité du travail. Négativement, cela veut dire que les possibles niés isolent une subjectivité impossible, infréquentable qui, en se soustrayant au travail lui-même, vide le travail de son sens subjectif dont l'absence continue pourtant, sous forme de possibles impossibles, à hanter le sujet du travail. C'est pourquoi il faut maintenir, comme le fait Yves Clot, que « le réel de l'activité c'est aussi ce qui ne se fait pas, ce qu'on ne peut pas faire, ce qu'on cherche à faire sans y parvenir » [1]. De ce fait, l'homme normal est l'homme qui, dans le travail, est malade de sa propre subjectivité.

1. *La fonction psychologique du travail*, *op. cit.*, p. 119.

Toute autre est l'expérience de celui qui parvient à donner un sens subjectif au travail lui-même. Certes l'activité de travail en ressort considérablement compliquée. Les normes de travail sont négociées dans les normes de vie elles-mêmes. Ce qui suppose qu'elles entrent en résonnance avec elles, en fonction même des capacités de personnalisation d'un sujet[1], lesquelles supposent un accès aux possibles subjectifs barrés qui affleurent, comme un interdit interne, chez l'homme normal ainsi que certaines modalités d'action sur les normes elles-mêmes. Ces modalités d'action peuvent être désignées, comme Malrieu et à sa suite les membres du Laboratoire « Personnalisation et changements sociaux » le proposent, comme des processus de personnalisation, ou comme Clot le suggère comme des déplacements créateurs. La personnalisation révèle une capacité subjective à produire de tels déplacements. Elle est elle-même un mode de déplacement interne à la vie psychique du sujet. Elle suppose qu'aucune norme ne fixe par avance la vie psychique même si elle apparaît toujours comme conditionnée par des normes. C'est qu'à l'assujettissement à une norme correspond toujours la possiblité d'un déplacement dans les différentes sphères de sa vie psychique au point de donner une signification nouvelle à l'assujettissement, libérant ainsi de nouveaux modes d'être et structurant également des activités créatrices irréductibles à la prégnance des normes[2]. La créativité est le prolongement de la person-

1. Cf. Philippe Malrieu (dir.), *Dynamiques sociales et changements personnels*, Paris, Éditions du CNRS, 1989 ; Alain Baubion-Broye (dir.), *Evénements de vie, transitions et constructions de la personne*, Toulouse, Erès, 1998.

2. Alain Baubion-Broye, Violette Hajjar, « Transitions psychosociales et activités de personnalisation », dans *Evénements de vie, transitions et constructions de la personne*, *op. cit.*, p. 17-43. Lire également dans le même ouvrage l'analyse de Philippe Malrieu, « Transformations du moi dans les événements de vie », p. 195-217.

nalisation. Elle désigne l'opération personnelle de réalisation de la norme prescrite. Elle est un détournement subjectif de la norme en vue de sa réalisation. Elle n'est « pas seulement une adaptation des moyens aux buts existants mais l'instrument de la formation de nouveaux buts dégagés par les sujets du cours de leurs activités »[1]. C'est en ce sens qu'il faut comprendre, pour reprendre les mots d'un ajusteur, que « jamais un ouvrier ne reste devant sa machine en pensant : je fais ce qu'on me dit »[2]. La possibilité même d'un métier réside dans cette mise à distance de ce qu'il est prescrit de faire. Les normes de production sont toujours rapportées à des usages qui en infléchissent le cours rigide. Elles changent de sens en étant vécues à la première personne puisqu'elles entrent désormais en résonnance avec l'histoire de vie des hommes et des femmes qui travaillent. Un trafic de normes est produit par les travailleurs puisqu'il faut s'arranger avec elles, se mettre à distance de certaines pour parvenir à les réaliser, produire un *ethos* singulier dans le travail qui implique, au lieu d'une soumission à la norme, une « re-création permanente dans une configuraton jamais exactement semblable aux autres »[3]. C'est pourquoi il est important de tenir, conformément aux analyses d'Yves Schwartz, que l'homme se travaille en permanence dans les règles de travail elles-mêmes[4]. Il y a un usage de soi qui est nécessaire à la réalisation des règles du travail et qui offre des passerelles possibles avec d'autres

1. *La fonction psychologique du travail*, *op. cit.*, p. 126. Sur les rapports entre activité et subjectivité dans le travail, Yves Clot, *Le travail sans l'homme ?*, Paris, La Découverte, 1995, « Le travail entre activité et subjectivité », p. 148-169.
2. Yves Schwartz, *Expérience et connaissance du travail*, Paris, Éditions Sociales, 1988, p. 21.
3. *Ibid.*, p. 706.
4. Yves Schwartz, *Travail et philosophie, convocations mutuelles*, Toulouse, Octares, 1994, p. 59.

formes de vie. Cet usage de soi implique de confronter les règles à ses propres capacités créatrices et à la forme de personnalisation qui est en jeu. « Les micro-choix d'usage de soi que révèle toute étude à la loupe des actes de travail font d'évidence apparaître à quel point ce "soi" s'utilise lui-même et par conséquent se forme comme individu en fonction des liens, des antagonismes, des potentialités de vie que les rapports sociaux engendrent dans leur histoire propre »[1].

Les variations créatrices comme formes de la personnalisation dans le jeu des normes sont donc le contraire de la centralité. Elles supposent une négociation subjective permanente qui peut impliquer un travail de résistance à la norme tenue pour centrale. L'exemple en est donné dans la résistance que certains conducteurs de train de banlieue ont opposée à la mise en place d'un système autonomatique de freinage. La référence de ce nouveau système est l'exigence de sécurité pour les usagers des transportts publics. Le maintien d'une pratique de freinage manuel ne signifie pas un sabotage des règles de travail mais un aménagement considérable de ces règles en fonction de l'usage de soi qui est requis dans le freinage manuel et qui disparaît dans le freinage autonomatique[2]. Ce sont des micro-inventions de soi dans les normes mêmes qui supposent un reste à l'assujetissement des sujets par les normes. Ce reste peut lui-même être l'objet d'un assujettissement à d'autres types de normes. Je peux me déplacer dans les normes de travail en fonction d'un attachement passionné à d'autres normes (de divertissement par exemple) et ainsi

1. Yves Schwartz, *Travail et philosophie, convocations mutuelles*, *op. cit.*, p. 59.

2. Cf. Gabriel Fernandez, Franck Gatounes, Patrick Herbain, Pierre Vallejo, *Nous, conducteurs de trains*, Paris, La Dispute, 2003, chapitre I « Le freinage ». Voir également Yves Clot, *La fonction psychologique du travail*, *op. cit.*, p. 177-186.

produire une personnalisation qui reste dans les normes. De fait, toute personnalisation demeure dans les normes mêmes qui assujettissent un sujet. Seulement ces assujettissements multiples ne s'emboîtent pas les uns dans les autres. Ils prennent sens dans une vie mentale non réglée à l'avance qui peut, cependant, être bloquée, lorsque les règles du travail empêchent ce travail subjectif et créent ainsi les conditions d'une souffrance psychique sans équivalent. La centralité fait alors retour, mais sur un mode essentiellement pathogène. Elle ne désigne plus les modalités d'adaptation d'un sujet à des normes mais la violence de la norme s'exerçant sur les sujets eux-mêmes.

D'une manière réellement paradoxale, l'homme normal est celui qui entend rejoindre cette violence, c'est celui qui entend fondre sa propre maladie dans les pathologies de la violence du travail, pour ne pas affronter sa part de création, ses possibilités de personnalisation, de déplacements, son expérience de la liberté que supposent les jeux d'emboîtement entre les normes, les usages subjectifs pour les rendre compatibles.

chapitre 7

la discipline et l'autonomie

Les normes, je l'ai dit, ne sont pas homogènes entre elles. Certaines standardisent des types de comportements, les homogénéisent en même temps qu'elles les individualisent en les assujettissant. Elles sont autant de disciplines qui supposent des lieux particuliers (l'usine, l'entreprise, l'école ...) avant de se répandre dans l'ensemble du corps social en pressions diverses, en mots d'ordre concurrents qui vont cependant tous dans le sens d'une intensification des productions de biens matériels et immatériels, engageant les sujets dans une économie des corps et des esprits[1]. Les normes sont également, sous une forme en apparence opposée, des injonctions à se réaliser, à être soi-même : il s'agit alors de s'accomplir au maximum de ses possibilités, d'être l'auteur de sa vie. Les normes sociales, dans leur conflictualité intrinsèque, du fait de ces deux genres hétérogènes, placent l'homme dans la situation intenable d'être fabriqué comme sujet à la fois par l'hétéronomie disciplinaire et par un ensemble de règles exigeant toujours plus d'autonomie. Ainsi que l'écrit François Dubet, « c'est là la véritable magie du programme institutionnel, qui produit un individu autonome, c'est-à-dire un acteur conforme aux normes, aux règles sociales, et un sujet maître de lui-même, un individu dont le Je réflexif ne peut jamais se

1. Michel Foucault, *Surveiller et punir*, Paris, Gallimard, 1975, p. 194-196.

confondre totalement avec son Moi social »[1]. Les deux modèles sont liés. C'est parce que nous sommes de plus en plus hétéronomes, du fait des normes disciplinaires qui ne cessent de produire de l'assujettissement, que nous prenons au sérieux l'injonction sociale à être de plus en plus autonomes, c'est-à-dire à nous considérer comme des sujets. La pression sociale qui s'exerce pour que nous soyons nous-mêmes les sujets de nos vies n'est pas seulement le revers d'un déclin des transcendances religieuses et politiques [2] mais la réponse, en termes normalisateurs, à la pression disciplinaire qui s'exerce dans tous les régimes, y compris les régimes démocratiques [3]. L'autonomie n'est pas l'autre de la discipline mais sa réponse la plus cohérente à l'âge des normes. L'individu contemporain ne cherche désespérément à être lui-même que parce qu'il est privé de lui dans le même temps, du fait de la multiplication des disciplines [4].

L'assujettissement à un pouvoir disciplinaire présuppose un attachement subjectif à cet assujettissement [5]. Je ne peux être l'objet d'une norme que si je consens à l'assujettissement de la norme. Le consentement n'est pas une condition de la norme mais de l'assujettissement lui-même. La fabrique de soi se fait dans cet assujettissement. C'est en se tournant vers une norme que nous nous retournons vers nous-mêmes [6]. Ceci signifie

1. François Dubet, *Le déclin des institutions*, Paris, Seuil, 2002, p. 35.
2. Marcel Gauchet, *Le désenchantement du monde*, Paris, Gallimard, 1985.
3. Marcel Gauchet, Gladys Swain, *La pratique de l'esprit humain*, Paris, Gallimard, 1980.
4. C'est pourquoi les affirmations de Marcel Gauchet sur l'individu contemporain gardent une signification évidente à la condition de ne pas le soustraire à l'ensemble des pressions sociales qui pèsent sur lui, jusque dans l'injonction à se réaliser lui-même. Voir Marcel Gauchet, « Essai de psychologie contemporaine I. Un nouvel âge de la personnalité », dans *La démocratie contre elle-même*, Paris, Gallimard, 2002, p. 229-262.
5. Judith Butler, *La vie psychique du pouvoir*, *op. cit.*, p. 35.
6. *Ibid.*, p. 45.

que le soi trouve le récit de son autonomie dans l'assujettissement lui-même. L'attachement aux normes implique des procédures subjectives qui vont au-delà de l'adhésion à des normes disciplinaires et qui sont précisément l'objet des normes sociales de l'autonomie. Ces procédures subjectives prennent un sens nouveau, en effet, en fonction de la pression sociale qui s'exerce pour réaliser l'autonomie d'un individu qui cherche, de ce fait, à s'appréhender, comme l'auteur de sa vie. La logique des normes croise ici une logique cognitive. Mentalement, c'est bien dans un parcours intellectuel et existentiel qui vise à la formation d'un récit de l'autonomie que l'idée d'un attachement aux normes disciplinaires de l'hétéronomie peut prendre sens. Ce parcours intellectuel vers l'autonomie est d'autant plus présent qu'il est en partie l'effet d'une dynamique mentale interne, en partie l'effet d'une pression sociale qui m'encourage, par des divertissements appropriés, par une logique de la réalisation de soi au travail qui est en même temps une logique de la performance [1], à me considérer comme l'auteur de ma vie. Tout est fait pour que je me considère comme l'auteur de ma vie. Ces nouvelles formes de pressions sociales sont désignées par Ehrenberg sous le titre de processus d'institution de l'individualité [2].

L'idée même d'une esthétique de l'existence qui soutient que la vie doit être considérée comme une œuvre d'art, supposant une inventivité des formes de subjectivation, n'échappe que partiellement à la thèse d'une construction de l'autonomie comme effet des normes sociales. Elle peut d'ailleurs repré-

1. Luc Boltanski, Eve Chiapello, *Le nouvel esprit du capitalisme*, Paris, Gallimard, 1999, p. 139-148.

2. « Du dépassement de soi à l'effondrement psychique : entretien avec Alain Ehrenberg », *Esprit*, janvier 1999, p. 143.

senter dans la philosophie de Foucault un autre versant des normes sociales dont la reconstitution peut être entreprise à partir de la lecture des travaux d'Ehrenberg sur l'autonomie, dans la lignée des analyses de Dumont et de Gauchet sur l'individualisme [1]. Pour Foucault, il existe deux sortes de normes : les normes disciplinaires qui fabriquent de l'assujettissement en produisant des comportements corporels, supposant des disciplines et des moyens disciplinaires spéciaux qui s'exercent sur les individus ; les normes biopolitiques qui concernent une population, un ensemble d'individus et dont la caractéristique est de valoriser la vie biologique des sujets afin d'exercer sur eux un plus grand contrôle (contrôle des naissances, assurance-maladie ...) [2]. Ces deux types de normes s'exercent de manière différenciée dans l'ensemble du corps social et apparaissent, au sens large, comme des formes de gouvernementalité. Par elles, un certain gouvernement sur autrui est produit. Il a souvent été opposé au thème du gouvernement sur autrui le thème du gouvernement sur soi que le sujet développerait grâce à la formulation du souci de soi, repéré dans les textes des philosophes grecs et romains, et qui serait à l'origine de formes de subjectivation nouvelles. Le sujet, fabriqué par les normes, trouverait, en son fonds propre, à se défaire de cette fabrique et à lui opposer sa propre production. Au sujet assujetti il serait possible d'opposer le sujet subjectif s'inventant dans des processus de subjectivation irréductibles. Cette interprétation repose sur une illusion de liberté totalement absente chez Foucault. En fait il faut

1. Louis Dumont, *Essais sur l'individualisme*, Paris, Seuil, 1983 ; Marcel Gauchet, *La démocratie contre elle-même*, Paris, Gallimard, 2002.
2. Michel Foucault, « *Il faut défendre la société* », *op. cit.*, p. 213-244. Voir également le dernier chapitre de *La volonté de savoir*, Paris, Gallimard, 1977.

comprendre que le thème du gouvernement de soi n'est qu'une nouvelle manière d'envisager le jeu des normes. D'abord il permet de revenir sur la figure de l'assentiment aux normes absente des premiers textes de Foucault. *L'herméneutique du sujet* révèle, de manière radicale, qu'il n'y a pas de gouvernement sur autrui sans gouvernement sur soi. Le sujet ne peut être fabriqué que par le consentement que ce dernier introduit quant à sa propre fabrication. Il existe une servitude volontaire qui redouble tous les protocoles de servitude involontaire. Assentir à sa fabrication, c'est consentir à une forme d'aliénation sans fond puisque le sujet est toujours déjà perdu lors même qu'il se trouve, ce qui l'expose, comme l'a si bien vu Judith Butler, à une mélancolie de l'origine où le sujet ne serait pas encore tourné vers la loi qui le fabrique. Ensuite ces procédures de subjectivation sont elles-mêmes l'effet de nouvelles normes sociales qui ne se situent plus seulement du côté de l'assujettissement mais de l'être-sujet lui-même. C'est d'ailleurs en ce sens que Foucault a pu dire que le centre de son travail n'était pas tant le pouvoir que le sujet [1], désignant ainsi le point constant d'application des différents pouvoirs. Il est d'ailleurs permis de se demander si la régulation biopolitique et la surveillance disciplinaire ne se réalisent pas dans les différentes figures de la subjectivation. Dans la mesure où l'échec de la discipline c'est l'épuisement, la mort, la biopolitique apparaît comme une réponse à ce qui menace la productivité disciplinaire [2], elle est une valorisation de la vie

1. « Deux essais sur le sujet et le pouvoir », dans Hubert Dreyfus, Paul Rabinow, *Michel Foucault, un parcours philosophique*, Paris, Gallimard, 1984 pour la traduction française, p. 298.

2. Guillaume le Blanc, « Les indisciplinés. Une archéologie de la défense sociale », dans *Foucault au Collège de France : un itinéraire*, sous la direction de Jean Terrel et Guillaume le Blanc, Bordeaux, Presses universitaires de Bordeaux, 2003.

qui ne peut s'accomplir que si chacun prend en souci la vie qui le traverse. Cette préoccupation pour la vie prend alors la forme d'un souci de soi et désigne des modalités de gouvernement qui ne sont pas étrangères au thème du gouvernement sur autrui posé par les règles sociales.

Partout, donc, le sujet est chez lui en étant dans les normes qui le produisent. Que signifie cette gigantesque mainmise de la norme sur l'homme ? Il existe des pressions permanentes à être soi, qui ne sont pas homogènes, puisqu'elles relèvent au moins de trois régimes différents (la discipline, le biopouvoir, l'autonomie) mais qui suscitent un jeu subjectif pour s'arranger avec elles (comme on dit au mauvais élève de s'arranger avec le professeur) qui est la condition de l'assentiment aux normes mêmes. Les normes, parce qu'elles sont différentes, autorisent un jeu subjectif en lequel une vie mentale comme libre-développement (« libre-jeu des facultés » [1]) trouve à se développer sans pour autant induire un détachement à l'égard des normes. La vie ordinaire est une tentative de jeu subjectif pour s'accorder aux différentes normes. C'est en ce sens qu'il y a assentiment aux normes dans l'attachement lui-même. Si toutes les normes étaient d'emblée homogènes, elles apparaitraient incontestablement comme extérieures au sujet lui-même. La subjectivité commence dans la décision d'accorder les normes entre elles. Le soi est alors soumis non seulement aux pressions multiples des normes mais il est également l'objet d'une pression interne qui naît de sa réactivité aux normes mêmes et de l'usage de soi qu'il cherche à faire dans l'attachement aux normes.

1. Voir la manière dont Yves Schwartz reprend ce concept que Kant a forgé à propos de l'expérience esthétique pour le mettre en usage dans le travail lui-même, *Expérience et connaissance du travail*, *op. cit.*, p. 465-467.

Alain Ehrenberg a parfaitement montré que cette pression à être soi s'accompagne nécessairement de l'épreuve de la dépression [1]. Je ne peux être normal que si je cours le risque de basculer dans des pathologies spécifiques qui trouvent leur naissance dans la fragilité que suppose le fait, pour un sujet, de soutenir les normes qui le font être. Ainsi, nous ne sommes pas seulement malades par positionnement délicat par rapport à une norme, parce que notre place n'est pas dans la norme ou insuffisamment. Nous sommes tout autant malades pour être trop dans la norme. Car je ne peux être totalement dans la norme que selon un coup subjectif énorme qui consiste à consentir à être soi dans le mouvement même des normes qui ne viennent pas de soi. Soutenir la norme ne va pas de soi. L'homme normal c'est alors celui qui laisse tomber tout ce qui dans son soi ne correspond pas à la logique des normes dont il est par ailleurs l'objet et le sujet, quitte à ce que ce soi ainsi spolié se venge en faisant retour sur le devant de la scène mentale du sujet par des souffrances singulières, par une certaine expérience de la maladie psychique dont la figure de la dépression a pu effectivement apparaître à un certain moment de l'histoire des maladies mentales comme le point de convergences de toute une série de souffrances et comme le point d'orgue de la difficulté à être sujet.

1. *La fatigue d'être soi*, *op. cit.*, p. 196-201.

chapitre 8

la justification

L'homme normal est l'homme qui est parvenu à justifier sa vie dans les normes au prix d'une désappropriation de la part subjective rétive aux normes. L'homme normal apparaît ainsi comme le fruit d'une double construction subjective et sociale. Sur le plan subjectif, il est l'opération ultime de la justification sociale d'un sujet. L'homme normal est alors l'homme qui ne connaît aucun procès, celui auquel s'adresse en priorité l'ensemble des institutions de la vie sociale, le reconnaissant comme le sujet des normes, homme tout à la fois intégré et adapté aux pressions normatives qui construisent une vie sociale. Inversement, l'homme pathologique, si je peux me permettre cette expression, c'est celui dont la vie apparaît comme injustifiée, existence soumise à tous les procès possibles qui sont autant de procès en justification. Bourdieu a fait de Joseph K, l'anti-héros du *Procès* de Kafka, l'archétype de la vie injustifiée, cherchant vainement des appels à la justification dans les raisons du procès qui est le sien et dont il ignore tout [1]. Comme Grégore Samsa, l'homme infâme de *La métamorphose*, il est un personnage en quête de normalité qui a basculé dans l'expérience de la pathologie sociale. Seulement Kafka n'en reste pas là. Il suggère que la normalité est introuvable. L'arpenteur qui, dans *Le château*, se rend au

1. Pierre Bourdieu, *Méditations pascaliennes*, Paris, Seuil, 1997, p. 279-283.

château et qui est l'homme de la norme par excellence puisque sa fonction est justement de mesurer (la norme, au sens étymologique, est un instrument de mesure utilisé par les architectes), ne parvient jamais à exercer sa profession. Pire, il échoue dans une taverne louche, sans possibilité de changer quoique ce soit à son sort. De même, dans *Le procès*, les procédures de l'appareil judiciaire ne sont aucunement reliées à une idée de la justice qui donnerait sens à l'accusation dont est l'objet Joseph K, de telle sorte que seules demeurent les accusations et les vies injustifiées qui font le siège des portes des lois en vain.

Nombreuses sont aujourd'hui les vies injustifiées. Il en résulte autant d'attributions stigmatisantes de la part des normes, le sommet de l'injustifiable étant la désignation d'un sujet par cette notion même d'injustifiable, intériorisation en même temps que désignation d'une identité purement négative. Combien de sujets à subir ainsi l'interpellation de la norme dans son revers dépréciateur[1] qui disqualifie ceux-là mêmes qu'elle nomme sous le nom d'une identité négative ? Et l'on pense aux chômeurs, aux ouvriers, aux immigrés, aux précaires, aux sans-domicile fixe, à tous ceux qui souffrent non seulement de leur position sociale mais également du nom social qui donne à la position sociale une valeur d'identité, au point qu'il est permis de se demander si une politique des identités négatives, véritable soutien aux insurrections de ceux qui sont désignés sous le label d'une identité négative, ne consisterait pas à soutenir des luttes pour la reconnaissance de ceux qui font l'expérience d'un mépris social tel que leur seule

1. Louis Althusser, « Idéologie et appareils idéologiques d'État », dans *Positions*, Paris, Éditions sociales, 1976, p. 110-116.

identité reconnue n'est autre que cette négation d'identité qui les désigne de l'extérieur[1].

A l'homme normal qui se rêve homme intégré, il faut opposer la vie des hommes infâmes, errante, sans place fixe, sans autre place fixe que la négation-dénégation que ne cessent de produire dans les jugements les concernant les hommes intégrés. L'endroit de la normalité ne peut être apprécié que par l'envers des pathologies sociales qui ne sont pas seulement des défauts de la vie sociale, des insuffisances qu'il faut éliminer au plus vite mais qui disent autre chose de la vie sociale que ce qui transparaît dans la norme, qui disent que la vie sociale est une expérience multi-normative, expérience d'une pluralité que la logique de l'intégration occulte, comme si toutes les vies autres étaient des vies potentiellement malades, alors que ce qu'il faut réhabiliter aujourd'hui, c'est le désir de créer des vies autres tout autant que le désir de se confronter à ces vies autres (et l'on pense ici aux gens du voyage, aux saltimbanques des cirques, à tout le monde en fait) et ainsi de faire apparaître des normes de vie singulières qu'aucune norme ne peut ériger en norme des normes, en étalon supérieur d'une normalité dont il faut définitivement se méfier, sous peine de retomber sur l'hypothèse de la centralité d'une institution, d'une activité de vie qui ne peut que mener à une logique d'adaptation comme valeur de vie centrale pour un individu, une société, oubliant du coup que l'homme n'est jamais véritablement à sa place, qu'il se déplace sans cesse, animal errant tombant souvent, de ce fait, dans l'erreur mais créant du même coup des formes de

1. Emmanuel Renault, *Le mépris social*, *op. cit.*, p. 80-81.

vie inattendues, créant de la surprise, du renouvellement, la possibilité même d'un devenir[1].

Cette crise de l'homme normal qui vaut sur le plan subjectif me semble devoir l'être également d'un point de vue intersubjectif. L'homme normal apparaît en effet, sur ce second plan, comme l'idéation maximale produite pour mettre fin à la querelle des normes. Les normes, je l'ai dit, ne sont pas homogènes entre elles. Elles entrent en conflit les unes les autres et ces conflits sont, au fond, ce qui décide d'une vie sociale, ce qui l'oriente dans des expériences collectives qui s'établissent toujours dans un rapport dialectique avec d'autres expériences collectives[2]. L'aspiration à un homme normal est une manière d'esquiver ces conflits. L'homme normal n'est alors rien d'autre qu'une certaine énonciation de la norme se rêvant homogène et ignorant, délibérément ou non, les souffrances que les conflits de normes induisent nécessairement, en particulier, d'un point de vue générique, les conflits entre les normes de discipline et les normes d'autonomie. Je suis un bon travailleur, je produis de manière efficace un certain nombre de biens, je me perçois comme normal dans la discipline mais le suis-je vraiment dans la norme d'autonomie ? Comment pourrais-je l'être si, précisément, je me consacre à la discipline ? Ne faut-il pas que je sabote ou, à défaut, que je m'arrange, en la détournant de sa fonction première, avec la norme de discipline pour que je puisse valoir aussi comme sujet d'une norme d'autonomie ? Comment, de fait, pourrai-je être sujet d'une vie qui s'échappe à elle-même dans les multiples pressions disciplinaires qui en extirpent le

1. Georges Canguilhem, *Études d'histoire et de philosophie des sciences*, Paris, Vrin, 1989, p. 364.

2. Jean-Paul Sartre, *Critique de la raison dialectique*, Paris, Gallimard, 1985.

maximum d'utilité pour un sujet ? Dans la langue de Godard, comment être un machin lorsqu'on est toujours déjà une machine [1] ? L'homme normal rêve de voir ces types de normes se réconcilier en une figure unique alors même que les normes sociales ne peuvent se justifier entre elles, alors même qu'elles proposent des existentiaux incompatibles.

La justification est le ressort secret de la normalité. Elle produit le sentiment d'être à une place appropriée, au plus près de l'étalon qui distribue les espaces, qualifie les sujets. Bien sûr il n'y a pas de justification sans l'appel à une règle de justice qui permet de régler les litiges entre les différentes formes de qualification par la référence à un étalon commun qui demande, le cas échéant, à chacun des sujets engagés dans le litige de renoncer à leurs intérêts immédiats [2]. Cette règle de justice développe toujours un modèle particulier d'organisation de la cité. Ainsi que le soutiennent Boltanski et Thévenot, les conflits entre les modèles de cités ne sont pas réglés d'avance. Ils supposent des règlements qui passent par l'établissement d'une critique partagée qui peut ouvrir à un nouveau modèle de cité, une nouvelle forme de justice. La justification qui sous-tend l'impératif de construction de la normalité est donc travaillée par une règle de justice qui donne à la notion d'homme normal une signification éthique, une forme de légitimité. La règle de justice qui est à l'origine de l'homme normal permet justement de repérer les formes de souffrance au cœur des vies sociales et des vies mentales. L'homme normal est alors un indicateur clinique de toutes les souffrances de la vie humaine. Sa validité vient de ce qu'une

1. Jean-Luc Godard, *Numéro deux*.

2. Luc Boltanski, Laurent Thévenot, *De la justification*, Paris, Gallimard, 1991, p. 337-343.

règle de justice le travaille non pas de manière extérieure mais de l'intérieur même des procédures de justification que peut éprouver un homme qui s'estime normal. La règle de justice qui est présente dans les procédures de justification les déborde, obligeant à une reformulation de l'homme normal dont la valeur devient essentiellement clinique. Il n'y a pas de clinique de la souffrance sans une clinique de l'homme normal. Seulement cette clinique de l'homme normal, indicateur clinique d'un ensemble de pathologies, ne confère en aucun cas à la normalité une valeur d'universalité. L'homme normal est une référence relative aux situations de souffrance qu'elle permet d'évaluer et, le cas échéant, de corriger dans ce qui pourrait être une clinique du travail [1].

En ce sens, il ne suffit pas d'être à l'intérieur de la place requise pour être homme normal. Il faut plus, que la norme elle-même soit perçue comme normale en ce que la qualification qu'elle procure ne mène pas à des disqualifications sauvages et impertinentes. C'est précisément là qu'est tout le problème. Comment la justification de l'homme normal pourrait-elle, de ce point de vue, avoir véritablement lieu, sauf sur le plan clinique que je viens d'évoquer, puisqu'elle repose, en règle générale, sur une désignation extorquée sur fond de détresse sociale ? La justification de l'homme normal ne répond pas à la règle de justice qui hante les procédures de justification.

1. Yves Clot, *La fonction psychologique du travail*, *op. cit.*, p. 131-142. Christophe Dejours, *Travail usure mentale*, *op. cit.*

2. Canguilhem, *Le normal et le pathologique*, *op. cit.*, p. 216.

chapitre 9
la vie psychique

Il est temps de lever le voile. L'affirmation, proclamée comme allant de soi, de l'homme normal est une affirmation pathologique. Canguilhem, à la dernière page de son livre *Le normal et le pathologique*, pose une question fondamentale : « En quel sens entendre la maladie de l'homme normal ? »[2]. Cette maladie ne peut manquer de voir le jour pour Canguilhem dès lors qu'une certaine angoisse apparaît, qui saisit l'homme normal lorsqu'il devient brusquement conscient de la précarité des normes biologiques dans lesquelles il se trouve engagé. C'est ainsi que celui qui n'est pas malade finit, inévitablement, par s'angoisser de ne pas connaître la maladie, de ne pas l'affronter. Dans un monde où il y a tant de malades, que signifie justement le fait de ne pas être malade ? Suis-je d'ailleurs absolument certain de ne pas l'être ? Peut-être l'occasion ne s'est-elle pas présentée mais se présentera immanquablement. Cette faille dans la certitude biologique de soi se nomme proprement la maladie de l'homme normal.

Le même raisonnement vaut pour celui qui s'estime, sur le plan social, en permanence normal. L'homme normal est un homme qui passe son temps à rejeter l'angoisse de la pathologie alors même qu'il vit dans un monde qui n'est fixé qu'en première instance par la norme. Il est permis de se demander ce que signifie le fait de se vivre comme sujet absolument normal dans une société qui ne parvient pas à rendre les normes tout à fait normales pour tout le monde et qui, de ce fait, ne peut résorber, bien au contraire, tout un ensemble de pathologies sociales[1] qui se révèlent notamment dans l'expérience de la pauvreté[2], de la précarité[3] et du mépris social[4]. Dans un monde où tous les devenirs sont là, y compris ceux qui prennent la forme de pathologies revendiquées ou assumées ou le plus souvent subies et non forcément reconnues (une grande partie des souffrances sociales en fait), dans un monde où les devenirs imperceptibles sont légion (heureusement !), la justification ne peut apparaître à terme, sauf pour un sujet extrêmement peu mentalisé dont l'expérience de soi est quasiment absente, que comme l'injustifiable. L'homme normal est alors malade de la norme qu'il ne reconnaît pas à l'extérieur de lui et cette maladie l'expose à tous les devenirs possibles, à toutes les déflagrations, lui restitue la promesse (qui est une chance) d'une réinvention de ses normes. L'homme normal, bloqué dans la normalité, échoué dans la normalité, est ainsi à nouveau exposé au processus de la pathologie dont il a cherché vainement à s'écarter. Seulement cette exposition ne se joue plus maintenant à un simple niveau d'extériorité. Elle se révèle, projetée sur une scène mentale puisqu'elle est l'angoisse de la chute dans la maladie, du fait d'être du côté de la norme. Cette angoisse ne vient pas par hasard. Non seulement elle révèle que la position dans la norme est une position difficile pour un sujet mais encore elle fait basculer le sujet

1. Emmanuel Renault, « La philosophie critique : porte-parole de la souffrance sociale ? », *Mouvements*, n° 23, 2002.

2. Patrick de Clerk, *Les naufragés*, Paris, Plon, 2001.

3. Serge Paugam, *Le salarié de la précarité*, Paris, P.U.F., 2000 ; Robert Castel, *Les métamorphoses de la question sociale*, Paris, Fayard, 1995.

4. Axel Honneth, *La lutte pour la reconnaissance* ; Paris, Cerf, 2000 pour la traduction française, p. 196 ; Emmanuel Renault, *Mépris social*, *op. cit.*, p. 34.

dans une certaine expérience du désajustement à l'égard des normes. Elle révèle ainsi au sujet qu'il n'existe pas de sol ferme dans la norme.

C'est pourquoi la tentation est grande, face à ce révélateur psychique de l'angoisse, de chercher à s'en mettre à distance en se retournant contre la scène mentale sur laquelle l'angoisse ne cesse de se manifester. Mieux vaut, pour ainsi dire, la mort psychique à la mort de la norme. Il existe plusieurs manières d'accomplir une telle mort. La première, très connue en psychosomatique, a lieu lorsqu'un sujet opère une conversion de l'esprit vers le corps. La névrose de conversion, thématisée déjà par Freud, peut prendre des formes multiples. Elle peut résider en un symptôme corporel, une paralysie, une rougeur (combien d'hommes normaux ont du mal avec leur corps). Elle peut aussi se loger dans des comportements privilégiés, exposant le sujet à une frénésie d'actions obsessionnelles qui peuvent le mettre en danger (c'est le cas des pratiques de l'extrême comme le saut à l'élastique, les cascades, le canyoning ...) mais qui lui permettent de se mettre à distance d'un certain travail de l'esprit, et par suite, de l'angoisse qu'il fait apparaître. A l'angoisse de ne plus être réellement dans la norme répond l'action qui tient l'angoisse à distance, qui ne la supprime cependant pas puisqu'elle plonge le sujet dans un état de frénésie corporelle qui, en le ramenant dans la sphère des performances corporelles, le soumet à toute une gamme de normes comportementales (sports, divertissements ...) qu'il n'est pas plus assuré de pouvoir réaliser de manière infaillible dans la mesure où il peut toujours arriver que le corps ne réponde plus (membre cassé, élongation ...). L'angoisse, déplacée de l'esprit vers le corps, est réintroduite à partir de la pression que certaines normes comportementales, promues notamment par le sport, exercent sur le corps[1]. Seulement cette angoisse n'est plus de même nature que la première. D'abord elle ne peut plus être travaillée à la différence de la première puisqu'elle se joue à un niveau, le corps, pour lequel le seul travail réside dans un surcroît d'activité, ce qui dans le cas présent n'arrange rien à l'angoisse que l'activité, en raison de son encadrement par des normes de comportement, a précisément révélée. Ensuite, l'angoisse ne porte plus directement sur la précarité des normes ou sur le fait que les normes ne sont pas réalisées par tous les sujets. Elle est uniquement intériorisée dans le corps même de celui qui la vit, non plus angoisse devant la norme que l'on perçoit comme précaire et mal répartie et pouvant, de ce fait, me faire basculer du côté de cette précarité, me poussant à devenir à mon tour un mauvais sujet, un sujet en mal de normes, mais angoisse de la norme elle-même puisque le corps, en se soumettant à des comportements exhorbitants, paie à la norme le plus lourd tribut qui soit : l'incapacité de faire autrement qu'adhérer à la règle.

Une telle adhérence à la règle signifie qu'il n'y a plus de distance entre soi et la norme. L'homme qui a logé sa normalité dans des comportements privilégiés (la maniaquerie de l'homme normal) pour fuir l'angoisse mentale de pouvoir échouer dans la norme est l'homme qui, à tous moments, peut se rendre malade de la norme qui ne veut plus de lui, et ce précisément parce qu'il ne fait plus qu'un avec la norme. Faire un avec la norme (rêve de tout homme normal) c'est s'enferrer dans son corps, au plus loin de son esprit, par des comportements qui portent, à eux seuls, la teneur en normalité de l'homme normal, quitte à ne plus pouvoir avoir la moindre

1. Alain Ehrenberg, *Le culte de la performance*, *op. cit.*, p. 176-196.

expérience corporelle, tellement le corps est reconstruit par un ensemble de dispositions sociales, un faisceau convergent de normes qui a son idéologie, le sport, aboutissant à une forme de mort du corps. L'homme normal est donc dans un registre très précis corps plutôt qu'esprit, homme vidé du soi qui le hante, homme qui n'est même plus malade de son moi puisqu'il n'en a plus mais qui, de ce fait, entre dans les maladies de la dépersonnalisation. L'homme normal est l'homme impersonnel, retranché dans des comportements corporels privilégiés, malade de l'absence de soi que présuppose le fait d'être au plus près des normes, dans une logique extrême de l'assujettissement qui non seulement n'exige même plus un retour vers soi mais encore qui rend ce retour impossible. La mélancolie de l'homme normal ne peut prendre alors qu'une forme corporelle puisque c'est désormais le corps qui a valeur de soi. L'homme, en se tournant vers des normes qui ont pour objet exclusif l'attachement du corps, s'expose au retour de la norme sur le corps (sa construction sociale) sous la forme d'un dérèglement (il existe ainsi des profils psychosomatiques de personnes qui se cassent des membres à répétition). Le soi se loge tout entier dans ce retour de la norme sur le corps qui offre, de ce fait, à l'angoisse un nouveau terrain d'élection. L'angoisse qui est, au fond, l'expérience même de la précarité du sujet dans les normes, en investissant le corps, réintroduit sous la forme d'une ombre chinoise le soi absent. L'angoisse qui est suggérée par un membre cassé, une usure prématurée, une maladie du corps, peut être une chance pour réintroduire le soi absent expulsé par le corps en même temps que l'angoisse des normes.

Le plus souvent pourtant, ce soi ne parvient pas à émerger. Bloqué par l'extrémité d'une réponse corporelle, il est neutralisé par une attitude mentale extrêmement répandue qui s'efforce de le mettre en permanence à distance dans les raisonnements même qu'il est amené à faire dans la vie quotidienne. Cette deuxième manière d'aboutir à une forme de mort psychique suppose de ne jamais se prendre pour objet de sa propre réflexion. Le symptôme de cette mise à distance est la pensée opératoire ou l'intellection pure. Ces deux formes de pensée s'opposent à ce qui est appelé en psychosomatique une bonne mentalisation et dont le présupposé (que le discours psychosomatique reconduit trop souvent, malgré tout, en norme de la vie mentale) est que le sujet de la réflexion puisse être atteint dans la réflexion elle-même. Ceci ne peut se faire qu'à la condition que les capacités créatrices du sujet psychique puissent se développer librement, qu'à la condition qu'il y ait, pour reprendre une nouvelle fois l'expression que Kant utilise pour penser l'expérience esthétique, un libre jeu des facultés[1] qui porte la vie mentale tout entière au point que la vie mentale ne soit que ce développement permanent par laquelle elle s'approfondit et s'invente, un travail créateur, le contraire même de la dépression où le sujet est figé dans des obsessions, des affects, des idées qui empêchent tout développement et le tiennent pour quasi-mort. C'est en ce sens que la joie est l'affect même de la vie mentale et la dépression sa limite. La joie ne désigne pas un bonheur ni même un plaisir du fait du libre développement des puissances mentales. C'est bien plutôt un certain affect d'augmentation de la puissance de son être qui accompagne tout travail sur soi qui prend la forme d'un libre jeu des facultés. La joie n'est donc pas le contraire de

1. Emmanuel Kant, *Critique de la faculté de juger*, Paris, Vrin, 1993, « Analytique du beau », § 9, p. 80.

la tristesse extrême qu'est la dépression. Ou plutôt la dépression n'est pas tristesse mais absence à soi[1] et donc absence dans la tristesse même, sachant que la tristesse, comme l'a si bien vu Spinoza, est encore un affect mobilisateur, ce que n'est même plus la dépression. La tristesse n'est pas l'autre de la joie mais plutôt son passage à la limite qu'implique toute vie mentale qui s'efforce au libre jeu de la mentalisation.

C'est dire qu'il y a tristesse et tristesse. Il y a la tristesse de l'homme joyeux et la tristesse de l'homme normal. La tristesse de l'homme normal est le plus souvent invisible à ses propres yeux contrairement à la tristesse de l'homme joyeux. Elle est l'effet d'un soi qui s'est absenté à lui-même dans l'attachement exclusif à un ensemble de normes et est du coup dans l'incapacité de nommer les variations affectives dans la mesure où le soi, en tant qu'énergie, émerge dans de telles variations au point qu'être soi se confond souvent avec le sentiment d'exister. Il y a bien tristesse parce qu'il y a diminution de soi mais cette tristesse ne peut pas être vraiment ressentie du fait de cette diminution de soi. Là réside l'un des plus grands avantages de la normopathie : en me soumettant aux normes, en confondant mon devenir sujet à la seule vie des normes, je me mets à distance de moi-même et cette mise à distance permet d'annuler le sentiment d'une diminution d'être qu'implique précisément la mise à distance.

Curieusement, la pensée opératoire et la pensée intellectuelle parviennent, sur ce point, au même résultat. Elles offrent au sujet pensant la possibilité de se soustraire de la pensée que le sujet élabore en investissant un objet qui peut être indifféremment concret (pensée opératoire) ou abstrait (pensée intel-

1. Pierre Fédida, *L'absence*, Paris, Gallimard, 2005.

lectuelle). Le soi est absent à soi dans la pensée qui se préoccupe exclusivement de l'achat d'une voiture, des modalités concrètes pour se rendre à un enterrement[1] ou de l'analyse d'un auteur qui est le modèle même de l'objet intellectuel fermé sur sa seule cohérence. Cette absence à soi ne prend pas les mêmes formes puisque le soi peut, à tout moment, être ressaisi dans le travail sur un objet intellectuel alors que ce n'est pas le cas dans la pensée opératoire puisqu'une panne, une défaillance seront l'occasion d'un nouvel investissement du sujet sur les objets eux-mêmes plutôt que d'un contre-investissement que mènerait le sujet pour se révéler à lui-même dans la défaillance de l'opératoire[2]. La pensée intellectuelle présente cette caractéristique de fonctionner sur le modèle opératoire mais de ne pas exclure une crise de l'opératoire qui prendrait la forme d'un jugement réfléchissant que tous les jugements déterminants de la connaissance de l'objet intellectuel ne parviennent pas à annuler. Il résulte de cette ambivalence une certaine misère de position de l'intellectuel, obligé de se situer, quant aux compétences qu'on exige de lui, dans l'opératoire, c'est-à-dire dans le champ des objets intellectuels reconnus comme tels par la communauté des experts des objets intellectuels, sans pour autant que cet opératoire puisse avoir valeur de refuge ultime puisque la mentalisation (qu'une société exige toujours de l'intellectuel qui se proclame tel puisque l'intellectuel est celui qui doit pouvoir ouvrir aux

1. Camus, dans *L'étranger*, fait le portrait d'un homme absent à soi, attaché seulement au respect des modalités les plus dépouillées de la vie sociale. Le livre s'ouvre par l'annonce de la mort de sa mère à laquelle le narrateur, Meursault, répond par des renseignements seulement techniques.

2. Ceci représenterait une forme de critique d'une certaine pensée de la panne chez Heidegger comme conversion à un mode d'être non plus ontique mais ontologique.

problèmes de la vie ordinaire[1]) n'est jamais très éloignée d'une opération intellectuelle et que la frontière entre les deux reste extrêmement ténue. Contrairement aux grands malades que sont les opératoires stricts, l'intellectuel est celui qui est placé, par l'attente même de ceux qui, à l'extérieur de son champ, le perçoivent comme un intellectuel, dans la nécessité de se déprendre de l'opératoire lui-même. Sa souffrance vient de ce que l'opératoire, existentiellement et socialement, n'est pas tout pour lui alors qu'il tend à être tout pour l'institution qui reçoit son travail et lui donne ses lettres de noblesse académique. L'intellectuel, s'il veut préserver ce statut et ne pas être simplement un expert d'un objet intellectuel, est un être des limites qui a nécessairement un pied dans l'opératoire (l'ordre des discours) et un pied dans un libre jeu des facultés qui n'ose pas éventuellement s'énoncer comme tel (refermant le statut d'intellectuel sur celui d'expert réflexif) mais qui n'en constitue pas moins une errance primordiale dans le travail intellectuel lui-même. La tristesse de l'intellectuel est ainsi une demi-tristesse qui trouve à s'exprimer sous sa forme la plus adéquate dans le ressentiment.

Toute autre est la tristesse de l'homme joyeux qui est parvenu à un certain travail sur soi et sur la vie des autres (ce qui pourrait être le cas d'un intellectuel qui assume la tâche d'une critique de la vie ordinaire[2]). Elle ne prend pas alors la forme du ressentiment mais celle d'un sentiment de soi qui accompagne la mise en travail du soi et ses déplacements inévitables dans le travail lui-même. La tristesse est ainsi la forme même de l'inachèvement que prend nécessairement la vie mentale

1. Voir sur ce point Sandra Laugier, *Faut-il encore écouter les intellectuels ?*, « A la recherche de l'intellectuel ordinaire », Paris, Bayard, 2003.

2. *Ibid.*, p. 66.

quand elle se porte sur le soi dans une activité de création (pratique ou théorique) ou de réflexion. Il faut ici penser à la multiplicité de chaque "Je" et à tous les devenirs qui sont des formes de vie potentielles du "Je" multiple. L'affect de joie se révèle dans l'expérience de l'intensification de ces devenirs. La soumission à un ensemble de normes fige ces processus. Le soi émerge alors seulement dans la reconnaissance que la soumission à la norme lui fournit [1]. Il n'est rien d'autre qu'une certaine désignation dans un genre, une manière particulière de désigner le genre. Le travail de la vie psychique culmine ici dans l'exercice de la persuasion qui peut être interprété comme une variante de la mauvaise foi. L'attachement à la norme produit une identité virtuelle forgée par autrui et acceptée par soi [2] (sexuelle, professionnelle, sociale, familiale) qui contribue à façonner le soi. Le "Je" qui est le résultat de cette formation peut s'appréhender comme sujet dès lors qu'il

1. C'est pourquoi cette reconnaissance est insuffisante dans l'idée d'une définition sociale du soi. Elle est une condition minimale d'acceptabilité qui stipule le sens d'une estime sociale de soi mais elle ne suffit pas à rendre compte des processus psychiques qui donnent sens à la vie sociale d'une personne puisqu'elle manque la thèse centrale d'une créativité de la vie ordinaire, condition même d'un agir social créateur et d'une certaine estime de soi recherchée dans les différentes expériences de la vie ordinaire. Ceci représente à mes yeux une certaine limite du modèle de la reconnaissance lorsqu'il prétend, en tout cas, construire une définition normative de la vie psychique d'une personne et encadrer ainsi l'ensemble des formes de la vie ordinaire. Ainsi Emmanuel Renault a-t-il raison d'écrire que « le mépris social s'accompagne toujours d'un désir de reconnaissance qui, par lui-même, est porteur d'un ensemble de normes » et que ces normes « tiennent aux différents réquisits de la reconnaissance de l'intégrité personnelle » (*Le mépris social*, *op. cit.*, p. 47) à la condition toutefois que cette intégrité personnelle ne soit pas seulement artculée à des procédures de reconnaissance mais portée, peut-être de manière plus fondamentale, par un agir créateur qui conspire avec une certaine créativité de la vie psychique. Sur ce point, la lecture d'Axel Honneth doit être mise en perspective, pour avoir un sens, avec celle d'Hans Jonas, *La créativité de l'agir*, Paris, Cerf, 1999.

2. Erwing Goffman, *Stigmate*, Paris, Minuit, 1975 pour la traduction française, p. 67-80.

est assuré de la solidité de l'attachement aux normes qui l'assujettissent. La formation du sujet dans les normes est donc intimement liée à la réussite du sujet dans les normes qui le forment. Un circuit narcissique se met en place qui va de la norme au sujet en passant par l'estime de soi que le sujet développe grâce aux gains que l'attachement aux normes lui procure. Une "bonne" estime de soi peut alors apparaître comme l'effet d'un "bon" attachement aux normes. Il n'y a donc de soumission aux normes que parce que les normes s'imposent d'un côté aux sujets eux-mêmes, contribuant à leur formation, et que parce que le sujet, d'un autre côté, trouve dans l'attachement aux normes l'occasion d'un gain psychique qui se nomme estime de soi et qui a pour origine les failles narcissiques de toute existence à ses commencements. La persuasion, dans le cas actuel, est donc ce travail psychique qui consiste à rabattre entièrement sa vie psychique sur la soumission aux normes en vue d'un gain subjectif qui est l'augmentation de son estime de soi. Cette procédure ne peut s'accomplir que sur fond d'une idée régulatrice de la normalité que le sujet désire absolument rejoindre, qui peut prendre par exemple la figure de l'élève brillant, de l'homme actif (*businessman* accompli), de la mère parfaite ... Le désir de mener une vie normale est la clef d'un renoncement au libre jeu de la vie psychique dans le travail même que mène la vie psychique pour se tourner vers un ensemble de normes et contribuer ainsi à la fabrication d'un soi d'après les normes. L'homme normal est un homme pour lequel l'essentiel de son activité mentale consiste à rejoindre, sous forme de justification, de protocoles d'adhésion, l'ensemble des règles qui le produisent comme sujet.

La mauvaise foi est requise dans une telle activité. Sartre définit l'homme de la mauvaise foi comme celui qui renonce librement à sa liberté, en préférant s'appréhender sur le mode d'une qualité sociale. La mauvaise foi est cette procédure subjective permettant de fuir son être dans une propriété que l'on n'est pas, pour pouvoir être sur le mode de cette propriété que l'on n'est pas. A la source de la mauvaise foi, il y a donc une liberté qui s'exerce, qui s'échappe à elle-même et rêve de se rejoindre dans ce que précisément elle n'est pas, une chose. Ce devenir-chose de l'homme de mauvaise foi signale l'accomplissement d'un devenir normal dont l'enjeu est de soustraire l'existence à la contingence qui est la sienne en annulant, par un acte de liberté, la liberté au profit d'une qualité sociale enfermant par avance l'ensemble des devenirs d'un sujet et fournissant une justification à l'existence elle-même[1]. La mauvaise foi est donc la procédure même de l'accès à la normalité. C'est par elle que la persuasion peut produire le propos selon lequel la vie dans les normes est la vie même du sujet. La mauvaise foi désigne le travail d'une vie psychique entièrement au service des normes qui produisent le sujet normal. Par la mauvaise foi, la vie psychique peut s'extirper de son libre jeu et parvenir à un retrécissement de la pensée tout entière du côté des modes opératoires qui permettent à un sujet de rejoindre les normes qui le font être. La mauvaise foi est ainsi la pathologie mentale propre à l'homme normal.

1. Jean-Paul Sartre, *L'être et le néant*, Paris, Gallimard, 1943, p. 81-109. Voir aussi la nouvelle « L'enfance d'un chef » où est analysé le processus subjectif qui consiste à dire que l'on existe parce qu'on a le droit d'exister, ce qui suppose de se soustraire à la contingence de l'existence en s'enfermant dans une qualité sociale particulière, ainsi que Roquentin le constate dans *La nausée* à propos des bourgeois de Bouville qui se sentent justifiés dans leur existence.

Sartre opposait à l'homme de la mauvaise foi, productrice d'une identité à soi qui est le propre d'un certain renoncement à soi, l'homme de la présence à soi pour laquelle peut prendre sens l'accès à une vie plus authentique. L'authenticité ne désigne pas une qualité du sujet mais le maintien d'un rapport à soi dans les différenciations produites par les multiples rapports au monde. La présence à soi (qui est le contraire de l'identité à soi) implique ainsi une ouverture maximale à tous les devenirs possibles. Elle n'est pas une échappée dans une identité (l'échappée laide de la mauvaise foi) mais une échappée dans l'échappement lui-même qu'est toute vie. Elle est une échappée d'échappée (l'échappée belle) qui engendre une certaine méfiance ou haine pour tout *ego* déjà constitué qui n'aurait plus qu'à assentir au destin d'être *ego*. Précisément il y a une transcendance de l'ego qui est l'aveu même d'une conscience insaisissable [1], d'un "Je" nullement formé, alors même qu'il est par ailleurs l'effet d'un ensemble de règles qui le produisent comme "Je". Le "Je" est le produit inachevé des normes et cet inachèvement est le signe d'un avenir possible du "Je" dans les normes mêmes qui le constituent comme sujet. Ainsi que l'écrit Judith Butler, interprétant un texte d'Agamben, « nous pouvons aussi réinterpréter l'être comme cette potentialité qu'aucune interpellation spécifique ne peut épuiser. Un tel échec de l'interpellation peut très bien miner la capacité du sujet à être identique à soi ; elle peut également ouvrir la voie à un type d'être plus ouvert, voire plus éthique, un type d'être d'avenir ou pour l'avenir » [2]. L'important est de comprendre que la récusation d'une permanence de l'identité du soi n'est

1. Sartre, *La transcendance de l'ego*, Paris, Vrin, 1985.

2. *La vie psychique du pouvoir*, *op. cit.*, p. 198. Le texte d'Agamben est tiré de *La communauté qui vient*, Paris, Seuil, 1990 pour la traduction française, p. 47-48.

pas nécessairement une perte produite par l'interpellation des normes qui produisent le sujet mais peut être une chance pour tous les devenirs. Ceci suppose que l'interpellation ne soit pas totale. Même si je me retourne lorsque je suis hêlé par un pouvoir, même si je n'existe qu'en tant que je me retourne vers la norme qui me fait être, même si ce retournement implique un retour vers soi, il n'y a pas de retour à soi qui ne soit en même temps un désir de retourner la norme qui le produit. Un tel retour à soi, sur le mode de l'aliénation que produit la force de la norme, peut ainsi se transformer en rébellion contre la norme, comme le malade, l'immigré, le chômeur peuvent, dans un mouvement de liberté concrète, en venir à récuser leur interpellation en termes de malade, d'immigré, de chômeur, en récusant le vocabulaire et l'énonciateur des règles médicales, politiques et économiques qui sont à l'origine de l'interpellation.

C'est toute la fabrication de la vie psychique qui est en jeu. La vie psychique commence, en tant que vie biologique, avant les normes sociales. Elle est un degré d'individuation pour les vivants. Seulement, au fur et à mesure que se développent des liens affectifs, au fur et à mesure de l'apparition du langage et d'une vie humaine dans le langage, elle prend une forme nouvelle puisqu'elle n'est plus seulement un type d'individuation vitale mais entre dans des individuations sociales qui la redéfinissent totalement. La vie mentale est non seulement colorée par les individuations sociales mais les devenirs sociaux colonisent la vie mentale, la construisent en thèmes et en genres. C'est ainsi qu'il y a, avec le langage mais aussi avec des procédures gestuelles, des intonations, des affects spécifiques, une exposition à des contenus de pensée, à des formes mentales qui viennent des pouvoirs dominants qui savent imposer leurs propres normes jusque dans les sentiments et dans la tonalité affective qu'ils engendrent chez l'enfant. C'est ainsi qu'il y a un inégal développement des facultés de la vie mentale ou des qualités psychiques entre ce qui relève d'une absorption inconsciente (le ça), d'un impératif d'adaptation (le moi) et ce qui s'imprime dans l'esprit même comme le fait des normes sociales (le surmoi)[1]. La vie psychique est ainsi redéfinie par les formes de la vie humaine au point d'être pensée comme la scène d'une division irréductible entre le ça et le surmoi, prenant en quelque sorte le moi en otage entre un fonds pulsionnel et un système de pressions sociales. Naturellement l'illusion serait de croire qu'il suffit de libérer le moi du surmoi en le rabattant vers le ça pour libérer le sujet de la normalité qu'il s'astreint à mimer. Or cela n'a absolument aucun sens puisque le sujet n'existe justement qu'en tant qu'il est produit du côté de l'assujettissement, ce qui suppose que puisse fonctionner sans équivoque le pôle mental de la norme. Le sujet n'existe qu'en tant que la norme devient le pôle mental majeur de l'organisation du soi. Il reste que cette organisation ne peut elle-même se prévaloir d'une antériorité sur les désirs du ça. Il reste donc que la scène mentale dessine une nébuleuse de désirs (individuations vitales) que le pôle mental de la norme, non seulement, ne parvient pas à éliminer, mais présuppose pour une large part. C'est à ce stade que l'expression de « vie psychique » ou de « vie mentale » trouve son intérêt. Elle n'est pas une métaphore destinée à indiquer un supplément magnifié d'intériorité compromise par ailleurs. Elle doit être, bien au contraire, prise au pied de la lettre. Elle suggère

1. Lire par exemple Freud, *Abrégé de psychanalyse*, Paris, P.U.F., 1949, chapitre IV, « Les qualités psychiques », p. 18-27. Les distinctions topiques de Freud relèvent d'une manière générale d'une réflexion clinique sur les rapports entre vie psychique et normes.

que le mental est une affaire vitale, un degré d'individuation de la vie elle-même (au même titre que la division cellulaire par exemple). Elle implique que la vie biologique continue son activité jusque dans l'esprit lui-même. Ce qui signifie que l'esprit est une certaine façon pour la vie de produire des opérations biologiques strictes et aussi de parvenir à des régulations plus larges et, du coup, de faire prévaloir sa créativité propre. L'esprit peut alors être conçu comme un type d'activité inventée par la vie pour assurer un certain nombre de tâches propres aux vivants et résoudre ainsi les différentes tensions qui naissent dans les rapports d'un vivant à ses milieux de vie externes et internes. C'est pourquoi la vie psychique n'est pas n'importe quelle activité mais bien l'activité la plus plastique, la plus créatrice en ce sens, qui permet à la vie de poursuivre ses individuations. L'esprit c'est alors, dans la vie, l'individuation maximale qui autorise presque toutes les formes d'individuation ou au contraire les retarde, les diffère, les empêche au profit d'une autre individuation. L'esprit est fondamentalement désir d'individuation. C'est ce désir d'individuation qui se retourne en soi subjectif sous la pression des normes sociales. Un se définit comme sujet dès lors que les multiples individuations dont il est le théâtre sont investies par tout un ensemble de pouvoirs, de lois et de normes. Ceci ne peut se faire qu'à la condition que cet ensemble de pouvoirs, de lois et de normes cesse d'être en position d'extériorité pour accaparer la vie mentale du sujet lui-même.

L'attachement du sujet aux normes qui le produisent comme sujet relève d'une nécessité vitale pour l'individu qui désire persévérer dans son être, dont le désir de vivre est sans limites. L'attachement est le moyen de ce désir. L'individuation vitale trouve dans l'attachement sa figure obligée. L'attachement est ainsi ce par quoi les normes entrent dans le sujet, devenant pour l'enfant tout d'abord un pôle mental non négociable, le centre de la vie psychique aux limites duquel toutes les qualités psychiques autres, y compris le désir de réviser les modèles de vie, se trouvent redéfinies, continuant ainsi d'exister même si elles ne passent pas pour autant dans la vie vécue. C'est que la vie psychique est plus mobile que la vie vécue, tout comme dans Mrs Dalloway, où les monologues intérieurs débordent largement les événements de la journée londonienne dans laquelle se déploie le roman [1]. avec Peter Walsh, l'ancien fiancé éconduit, le suggèrent lorsqu'elle s'interroge, dans un monologue intérieur, sur la vie qu'elle aurait pu mener avec lui. En elle se révèlent des possibles mentaux qui ne sont pas forcément réalisés dans la vie vécue [2]. Les rêves, par exemple, ainsi que l'écrit Judith Butler, « révèlent que la vie psychique est étonamment mobile et aventureuse même si la vie vécue ne l'est pas » [3]. La mobilité est la marque de la vie psychique. C'est dire que la vie psychique n'est jamais tant elle-même que quand elle peut se déplacer d'une idée à une autre, d'un affect à un autre, à l'instar de l'eau d'une rivière qui coule d'un point à un autre, sans jamais que ces points soient capables d'en

1. Ainsi, lorsque Mrs Daloway retrouve bien des années après Peter Walsh son fiancé éconduit, elle se met à songer aux possibles non réalisés qu'aurait pu impliquer le choix d'une vie avec Peter. La vie allègre qu'elle imagine avec Peter est désormais un possible de sa vie psychique qui ne se réalise pas forcément puisqu'elle vit avec Richard. Cf. Virginia Woolf, *Mrs Dalloway*, Paris, Gallimard, 1994 pour la traduction française, p. 120.

2. Yves Clot, paraphrasant Canguilhem à propos des possibilités physiologiques, peut écrire qu'« il y a en nous aussi, à chaque instant, beaucoup plus de possibilités psychologiques que n'en dit la psychologie ». *Cf.* Préface à *Nous, conducteurs de trains, op. cit.*, p. 11.

3. *La vie psychique du pouvoir, op. cit.*, p. 225.

réorienter le cours[1]. La vie mentale est un flux qui contribue également à la disposition de la conscience[2]. Ce flux admet des polarités multiples qui créent une multiplicité d'ébauches de soi. Les normes adhèrent à ces flux mentaux, s'attachent leur service et créent ainsi les conditions d'une aliénation généralisée. L'homme normal est celui pour qui le flux mental s'est totalement retourné en attachement inconditionné et exclusif aux normes. La vie mentale ne réside plus alors dans une multiplicité de travaux consistant à passer d'une idée à une autre, d'une émotion à une autre et de contribuer ainsi à un écoulement du flux. Elle s'exprime toute entière dans la violence qu'elle s'inflige lorsque son travail vise à réprimer ses propres flux au profit de l'attachement exclusif à ce qui est perçu par un sujet comme la forme même de la normalité.

Comment la vie mentale peut-elle s'exprimer comme flux ? Lorsqu'elle fait l'expérience de sa durée propre, c'est-à-dire lorsqu'elle est dans un registre de l'individuation plutôt que de la répétition. L'homme normal met à mal sa vie mentale dans le registre des répétitions opératoires qui sont comme autant de négations des individuations psychiques par lesquelles il s'autorise une meilleure soumission à la normalité. La tristesse de l'homme normal vient de la diminution des possibles psychiques qui en résultent. Pour autant, ces possibles psychiques continuent à exister. Seulement ils sont désormais annexés à un désir de la norme ou bien ils sont passés sous silence en raison du désir de la norme. On voit alors que, même pour l'homme normal, la vie mentale n'est pas entièrement colo-

1. William James, *Précis de psychologie*, Paris, Les empêcheurs de penser en rond-Seuil, 2003, p. 121.

2. Comme le suggèrent plusieurs auteurs anglo-saxons qui décrivent des courants de conscience (Henry James, Joyce, Woolf).

nisée. Ce qui est donné, c'est précisément la réflexivité, la capacité de la conscience à produire une pensée subjective. La réflexivité est valorisée avec tous les possibles psychiques qui la supportent, fantasmes, émotions, perceptions, idées. Elle entre alors au service du pôle mental de la norme. D'une manière générale, elle se « constitue dans ce moment de conscience, dans ce retournement sur soi contemporain d'une orientation vers la loi »[1]. La réflexivité n'est pas extérieure aux multiples attachements à l'ensemble des lois, des normes et des pouvoirs. Ces attachements sont la condition qui permet à quelqu'un de revenir vers lui et de se viser comme sujet par une réflexion susceptible non d'intérioriser la loi pour en faire un soi (puisque cette intériorisation suppose le soi) mais d'inventer par ces lois et ces normes un pôle d'identité qui a valeur de sujet pour le soi qui s'attache à elles. L'identité personnelle est un produit amalgamé au pôle mental des normes par la réflexion qui se retourne vers soi au moment où elle s'attache aux normes. Nos identités viennent de nos attachements aux normes et de la façon dont ces attachements engendrent une réflexion, un retour sur soi.

Ceci signifie que la soumission est la forme même du sujet. L'assujettissement aux normes possède, en effet, « le double sens de la soumission à ces règles et de la constitution progressive, en vertu de cette soumission, du sujet social »[2]. Le sujet social fait fond sur un sujet psychique antérieur, déjà assujetti. La maîtrise des règles de la vie sociale, la maîtrise des pratiques sociales qui suppose un attachement sans faille aux codes sociaux nécessite que la règle sociale ait pu devenir le

1. Judith Butler, *La vie psychique du pouvoir*, *op. cit.*, p. 177.
2. *Ibid.*, p. 178.

centre de la vie psychique et que l'identité personnelle des sujets ne soit que le produit amalgamé de ces règles qui sont devenues centrales dans la vie psychique.

Deux thèmes doivent être relevés. Le premier concerne le lien fort entre la maîtrise des savoir-faire et la genèse du sujet social. Le sujet social est façonné par le maniement des savoir-faire, par l'usage des prérequis de la vie sociale. L'école apparaît ainsi comme le lieu d'acquisition des savoir-faire fondamentaux[1]. Comme telle, elle contribue à la formation des sujets en contribuant à leur assujettissement. C'est qu'il ne s'agit pas seulement de maîtriser les savoir-faire mais d'incarner les règles qui sont au fondement de ces savoir-faire, règles de grammaire, règles de calcul, règles de la bonne conduite ... L'appropriation des normes n'est cependant pas mécanique. Elle suppose, pour réussir, une certaine homogénéité des différents milieux de vie de l'enfant. Si l'école et la famille disent la même chose, l'assujettissement n'en sera que plus réussi et l'enfant aura ainsi les "chances" maximales pour accéder au statut de sujet social, ce qui ne veut pas dire qu'il répètera les règles mais qu'il les tiendra pour acquises et que cette acquisition sera la base de développements subjectifs allant dans le sens des règles ou, au contraire, se retournant contre elles. En revanche, si les règles de la famille sont en contradiction objective avec les règles de l'école, soit parce que ces règles sont insuffisamment présentes, du fait de la déliquescence de la vie familiale, de la porosité de cette vie aux règles de milieux sociaux spécifiques (villes, quartiers, banlieues ...), soit qu'elles répondent à d'autres polarités, d'autres expériences,

1. Louis Althusser, « Idéologie et appareils idéologiques d'État », dans *Positions*, *op. cit.*, p. 73.

liées à l'histoire culturelle, politique mais aussi existentielle des personnes (les immigrés, les réfugiés par exemple mais aussi les vies alternatives), l'assujettissement pourra prendre des formes étranges : le statut de sujet social ne sera pas nécessairement assuré et l'enfant sera constamment hanté par la précarité des formes de la vie sociale, cherchant confirmation de son estime sociale dans un amour désespéré de la règle qui peut l'exposer aux violences de ses réponses ou dans d'autres expériences aux limites des règles. Il ne faudrait pas en conclure que le second sujet social est moins riche que le premier et qu'il est porteur d'un déséquilibre structurant dont il ne peut sortir. Il n'y a pas la richesse d'un côté et la pauvreté de l'autre. Dans les deux cas, la vie sociale prend un tour mental nouveau avec la confrontation aux normes, en fonction de dialectiques différenciées selon des situations chaque fois singulières.

Le second thème concerne l'idée même d'un sujet psychique. Cette expression désigne une vie psychique organisée en pôle identitaire. Chaque identité naît de ce que l'attachement aux normes crée un pôle mental de référence et peut appraraître, à une réflexion qui le vise, comme une forme stable, cohérente. Si tel est le cas, il est particulièrement important que ce pôle mental soit le plus cohérent possible. Un trou dans l'attachement aux normes est alors plus qu'un simple blanc mais une faille dans la genèse même du sujet puisque l'identité personnelle n'est, en son commencement, rien d'autre que le pôle des normes assumé et aimé, preuve d'un attachement correct aux normes. L'identité personnelle n'est pas en retrait par rapport aux normes ni même en réserve de ces normes. Elle est l'ultime développement que les règles prennent quand elles constituent le pôle mental de référence de l'individu qui peut alors se réfléchir comme sujet. La réflexion prend d'autant plus les règles comme objet privilégié qu'en elles, c'est non seulement une confirmation de la valeur de soumission qu'elle explore mais c'est bien davantage la construction de soi comme sujet qui se réalise progressivement. Il existe un récit de la formation de soi dans la norme qui est rendu possible par la valeur mentale centrale que prennent les normes. Se viser comme sujet, assister à l'élaboration de son identité personnelle et s'attacher aux normes (qui, au départ, sont forcément les règles de vie transmises par les parents), c'est le fait d'une seule et même opération qui présuppose que la vie psychique indisciplinée est devenue le théâtre d'une discipline, héberge désormais un centre disciplinaire susceptible de retourner la vie psychique du côté exclusif des attachements aux normes et ainsi de constituer la scène mentale comme une série d'interpellations auxquelles un sujet ne peut manquer de répondre [1], soumettant sa vie mentale tout entière à l'amour exclusif des normes. Les individus sont marqués par les normes qui les transforment en sujets, avant même d'être sujets, puisqu'avant leur naissance, les enfants sont déjà pré-enregistrés en fonction de l'identité nominale du Père, d' un genre sexuel qui les voue par avance à la place, qu'ils devront par la suite respecter selon une série de rites, de garçon ou de fille [2].

1. Louis Althusser, « Idéologie et appareils idéologiques d'État », dans *Positions*, *op. cit.*, p. 110-116.
2. *Ibid.*, p. 116.

chapitre 10
la vie psychique et la clinique de la souffrance

La question devient la suivante : existe-t-il une altérité dans la vie psychique au régime de l'interpellation ? La vie mentale est-elle sans reste ? La psychanalyse ne cesse de nous prévenir contre une telle réduction. C'est que les interpellations qui passent pour être les plus normales, parce qu'elles sont répétées sans cesse, suggèrent, dans leur répétition même, une inquiétude qui peut, éventuellement, donner lieu à une crise du régime de l'interpellation, et par voie de conséquence, au type de subjectivité qui lui est attaché [1]. La subjectivité, organisée par les normes, n'est que l'une des modalités que la vie psychique assume lorsqu'elle s'attache précisément au pôle mental de la norme. On comprend alors pourquoi il est si important de mettre en question la forme même du sujet, comme le font par exemple Deleuze et Foucault, même si pour autant le thème du sujet ne peut pas et ne doit pas être abandonné (pour les raisons mentionnées dans le chapitre précédent et dans le chapitre sur les identités négatives). C'est qu'il faut, en un sens, faire passer d'autres polarités que la polarité sujet qui reste une polarité selon les normes. Certes, la question demeure, si l'on veut sauver pour des raisons pratiques, psychologiques et politiques la notion de sujet de savoir

1. Freud, *Essais de psychanalyse appliquée*, Paris, Gallimard, 1975, p. 165.

comment un sujet peut être amené à assumer les normes qui le produisent. L'amour de la norme est, dans le cas présent, insuffisant pour le comprendre tant il est vrai qu'il faut faire intervenir aussi les modalités par lesquelles un sujet en vient à persévérer dans les normes qui le produisent. Il reste qu'en appeler, comme le fait Foucault, à la désindividualisation ou, comme le fait Deleuze, à de nouvelles individuations, c'est affirmer désirer revenir sur la production de soi par les normes et contester, en un sens, que la vie psychique soit seulement d'après les normes. C'est alors revenir à l'hypothèse de la psychanalyse (même si les deux auteurs disent s'en écarter) selon laquelle la vie psychique est plus vaste que les normes puisqu'elle désigne toute une série de pulsions, de désirs, d'affects dont l'enjeu est bien de les organiser en idées. Comment produire des concepts d'après les désirs, c'est-à-dire d'après les affects, telle est sans doute la question centrale de Deleuze. Cette question doit également valoir pour les normes mêmes. Et là se trouve en jeu une définition particulièrement stimulante de la philosophie. Il ne suffit pas que l'attachement aux normes produise du sujet, crée différents étalons de normalité. Il faut faire passer cet attachement lui-même au tamis de concepts formulés à partir d'affects primordiaux. Aux différents concepts que la norme produit, il faut opposer, petite machine de guerre, les concepts de la norme produits d'après les affects, d'après les désirs. Au sujet de la norme, il faut opposer les multiples individuations qui passent en contrebande sous le sujet lui-même et qui secouent la norme, la mettent à l'épreuve de vents de folie minoritaires qui trouvent à se développer du fait même que la vie n'est pas ajustement à des normes, adaptation à des normes extérieures mais invention de normes, création[1].

De même pour Foucault, l'appel à refuser les identités prend naissance, même s'il ne le thématise pas, dans une conception de la vie psychique qui laisse un à-côté à la logique de l'attachement[2]. Cet à-côté est ce qui rend possible une relative résistance du psychique au social. C'est lui, en tout cas, qui est à l'origine de la formulation de l'impératif de désindividualisation que l'on retrouve constamment dans la pensée de Foucault. « Sans doute l'objectif principal aujourd'hui n'est-il pas de découvrir, mais de refuser ce que nous sommes. Il faut nous imaginer et construire ce que nous pourrions être pour nous débarasser de cette sorte de "double contrainte" politique que sont l'individualisation et la totalisation simultanées des structures du pouvoir moderne. On pourrait dire, pour conclure, que le problème à la fois politique, éthique, social et philosophique qui se pose à nous aujourd'hui n'est pas d'essayer de libérer l'individu de l'Etat et de ces institutions, mais de nous libérer *nous* de l'Etat et du type d'individualisation qui s'y rattache. Il nous faut promouvoir de nouvelles formes de subjectivité en refusant le type d'individualité qu'on nous a imposé pendant plusieurs siècles »[3]. Comment vient la possibilité même d'imaginer ce que nous pourrions être en dehors des subjectivations produites de l'intérieur des attachements aux différentes institutions si l'on ne postule pas une vie psychique plus vaste que les différents pouvoirs qui s'en emparent ? Dans le texte de Foucault, le pouvoir analysé est celui de l'Etat et de ses institutions mais le problème est en

1. Georges Canguilhem, *Le normal et le pathologique*, *op. cit.*, p. 130.
2. C'est là la thèse de Judith Butler à propos de Foucault.
3. Michel Foucault, « Deux essais sur le sujet et le pouvoir », art. cit., p. 308.

réalité infiniment plus vaste. Il est celui de l'attachement de la vie psychique à toute forme de pouvoir en général. Comment se fait-il que je sois produit comme sujet par les différents pouvoirs et qu'en même temps je puisse imaginer des formes de désindividualisation qui supposent un reste dans le lien d'attachement du sujet aux pouvoirs ? Ce reste n'est pas produit par le sujet en tant qu'il est assujetti aux normes qui le produisent comme sujet. Il est plutôt la forme vague que prend la vie psychique avant qu'elle ne soit assujettie à un ensemble de normes. C'est que, comme l'écrit William James, « il faut rendre au vague et à l'inarticulé la place qui leur revient dans notre vie mentale »[1]. Cette forme vague, c'est la vie elle-même, c'est-à-dire le désir comme genre pour penser les différentes individuations vitales ainsi que tous les possibles psychiques qui en résultent. Foucault, bien sûr, ne peut suivre une telle orientation, en raison de sa critique du concept même de désir qui suppose la loi, la norme et ne s'en affranchit jamais[2], et de sa méfiance vis-à-vis de la psychanalyse. C'est un fait qu'il existe un désir de la loi qui a pour conséquence que la libération du désir à l'égard de la loi, comme dans le cadre d'une revendication de la libération sexuelle, n'a pas grand sens[3]. Seulement le désir redéfini par la loi n'épuise pas la variété des désirs. Tout d'abord parce qu'il est ambivalent et qu'il va de pair avec le désir de sortir de la loi, de la contrer. Ensuite parce que ces différentes qualités de désir renvoient à un fonds pulsionnel qui est la réserve d'individuation de la vie elle-même. Foucault lui-même est obligé d'y recourir implicitement pour donner sens à la formulation de son impé-

1. *Précis de psychologie*, *op. cit.*, p. 121.
2. Voir sur ce point le texte de Lacan consacré à Kant, « le désir et la loi ».
3. Foucault, *Histoire de la sexualité*, 1 : *La volonté de savoir*, Paris, Gallimard, 1976.

ratif de la désindividualisation. Qui parle dans la désindividualisation ? La vie pour un vivant désireux d'échapper à la normalité humaine, de mener une vie périphérique, décentrée, soustraite pour un temps à la centralité psychique des normes.

L'essentiel est donc de comprendre qu'il y a un reste à la normalisation psychique et que l'homme normal est précisément celui qui s'efforce de faire disparaître ce reste. Ou bien la résistance à la normalisation s'organise, comme c'est le cas pour Foucault, grâce à la connaissance adéquate des mécanismes historiques d'attachement aux normes. Ou bien la résistance s'organise en fonction d'un reste de la vie psychique à l'entreprise de colonisation de la vie psychique par les normes. Ces deux positions ne sont pas contradictoires puisqu'elles identifient une vie psychique plus vaste qui confère à la conscience un pouvoir d'arrachement aux normes qui s'en emparent, soit dans l'entreprise d'une pratique théorique nommée connaissance, soit dans des relais de créativité qui sont le fonds même de la vie ordinaire (voir chapitre suivant). C'est qu'il faut nécessairement, pour reprendre une analyse de Butler, situer « la source de la résistance dans un domaine de la vie psychique qui est dit précéder ou excéder le social » [1]. Nous ne pouvons alors que condamner la fusion du psychique et du social qui rend les processus de résistance à l'assujettissement impensable et crée, par suite, les conditions d'un homme normal généralisé.

Pour autant deux problèmes continuent de se poser qui ne sont pas résolus par cette disymétrie entre le psychique et le social. Comment cette disymétrie peut-elle être à l'origine d'une

1. *La vie psychique du pouvoir*, *op. cit.*, p. 260.

résistance qui ne soit pas l'objet d'une normalisation ultérieure ? Comment cette résistance peut-elle être l'expression d'une culture de la résistance qui, précisément, permettra de déjouer les normalisations futures ? C'est que l'homme normal (c'est toute la difficulté) n'est pas une catégorie statique mais une construction dynamique qui s'élabore au fur et à mesure que des résistances à la normalisation sont avancées. L'homme normal n'en finit pas de progresser, au fur et à mesure que progressent les désirs de contrer la norme. Ces désirs ne sont pas par ailleurs sans rapport avec la norme. Ils ne représentent pas une anomalie sauvage en attente de la future normalisation psychique produite par l'ensemble des normes auxquelles un sujet est attaché. D'emblée, c'est-à-dire dès la naissance, l'enfant voit ses désirs orientés par les réponses des parents et des adultes en général. En particulier, le plus important d'entre eux, le désir de persévérer dans son être, est pour une large part dépendant de la forme de loi qui donne à ce désir la consistance nécessaire non seulement au maintien dans l'existence mais plus encore à une forme de bien-être. Le désir de vivre devient de ce fait un désir de loi. Le désir de vivre trouve son relais le plus efficace dans le désir des normes qui le préserve et l'intensifie. Le désir des normes, comme moyen d'un désir de vivre, devient alors la référence mentale majeure. Il forme le cœur même de la vie psychique. C'est pourquoi une conception critique des normes suppose une critique de la centralité psychique des normes, ce qui ne va pas de soi puisqu'elle suppose de s'en prendre à la vie psychique même qui est la source de la critique. « La possibilité d'une conception critique de la loi se trouve ainsi limitée par ce qui apparaît comme un désir originaire de la loi, une complicité passionnée avec elle, complicité sans laquelle aucun sujet ne saurait exister. Pour que le "Je" puisse lancer sa critique, il doit d'abord comprendre que le "Je" lui-même dépend de son désir complice que la loi rende possible sa propre existence »[1]. Comme le retournement vers la loi et le retournement vers soi ne font qu'un, il est difficile de comprendre comment le désir de contrer la norme peut se formuler véritablement dans la seule expérience de la vie psychique.

Pour autant, il faut bien avoir à l'esprit que le désir de vivre, s'il trouve dans le désir des normes son relais le plus efficace, ne s'annule pas dans le désir des normes. Redéfini par ce dernier, il imprime sa propre existence aux normes elles-mêmes et devient, de ce fait, une référence pour la conscience. C'est pourquoi la conscience peut exercer une critique des normes qu'elle présuppose pour assurer sa fonction d'instance subjective. La conscience peut non pas défaire les normes qui la soutiennent mais produire une critique de leur fonction normalisatrice, et ceci précisément parce que le pôle normal de l'esprit est aussi un pôle vital. La conscience ne se retourne pas contre les normes qui la produisent comme conscience, sans quoi le pôle psychique serait tout entier annulé mais elle peut se retourner contre leur fonction normalisatrice grâce à l'ensemble des polarités vitales dont elle hérite également et qui trouvent leur origine dans l'activité créatrice de la vie. La conscience est ainsi une vie créatrice et pas seulement cette réflexion produite de l'intérieur même de l'attachement à certaines normes. C'est pourquoi elle ne peut se retourner contre les normes qui la produisent mais elle peut s'adosser à la vie créatrice, la prolonger jusque dans sa contestation de la fonction normalisatrice des normes. C'est dire que la vie

1. *La vie psychique du pouvoir*, *op. cit.*, p. 168.

psychique est une vie créatrice dans les normes mêmes qui la soutiennent. Elle est, alors même qu'il existe le pôle central de la norme, une constellation de devenirs potentiels qui sont comme autant de devenirs minoritaires de la vie psychique. La centralité mentale des normes n'annule pas la créativité de la vie psychique. Seulement le problème réside bien dans l'articulation de ces deux pôles. Ainsi que l'écrit Freud, « l'être humain tombe malade en raison du conflit entre les revendications de la vie pulsionnelle et la résistance qui s'élève en lui contre elles »[1]. La vie psychique se trouve alors prise dans une forme d'instabilité dynamique permanente du fait même de ses conflits possibles entre le pôle mental de la norme et les possibles psychiques vitaux. De cette métastabilité, des individuations inédites peuvent en résulter qui sont comme autant de crises de la normalité à moins que ce ne soit le contraire qui s'impose et que les répétitions incessantes des normes existantes ne viennent mettre en péril l'ensemble des individuations psychiques et, par extension, la vie humaine elle-même. Jusqu'où des individuations sont-elles possibles à l'intérieur du régime mental des normes[2] ? Une telle question suppose, pour y répondre, d'en passer par une clinique de la souffrance. Que signifie, dans le cas présent, prendre la souffrance psychique au sérieux ? Le but n'est pas d'en appeler à une vie psychique sans souffrance, ce qui supposerait que la souffrance n'existe que comme leurre. C'est qu'il y a une souffrance inhérente à la vie psychique et une souffrance qui est une entrave à la vie psychique (tout comme il existe deux types de tristesse).

1. « La décomposition de la personnalité psychique », dans *Nouvelles conférences d'introduction à la psychanalyse*, Paris, Gallimard, 1984 pour la traduction française, p. 81.
2. C'est ce processus de l'individuation intensive que Deleuze et Guattari ont appelé la schize : « la schize et non le signifiant », *Anti-Œdipe*, *op. cit.*, p. 162.

Une clinique de la souffrance se donne comme but de résorber la souffrance qui entrave la vie psychique sans pour autant s'en prendre à la souffrance qui accompagne la créativité même de la vie psychique qui implique des abandons, des renoncements, des déplacements, tout un travail de deuil de certains objets mentaux qui doit s'accomplir pour préserver un oubli nécessaire à la création d'une idée, à la formulation d'un désir ... Il existe une souffrance psychique, condition de la vie psychique et une souffrance psychique, entrave à la vie psychique et c'est quant au second sens « que la psychothérapie se donne pour objectif de prendre soin de la souffrance psychique, que son but n'est autre que de parvenir à guérir les humains de ce "Je" psychique qui les fait souffrir »[1]. La souffrance est, ou bien, l'affect qui accompagne une vie psychique créatrice qui puise dans ses possibles des devenirs psychiques nouveaux, ou bien ce en quoi la vie psychique s'enlise, s'abîme, lorsque l'esprit est en proie à une idée dont il ne parvient plus à se défaire, une obsession, un affect qu'il n'arrive pas à construire, à agencer dans un ensemble plus vaste qui lui donnerait une signification particulière.

Il n'est d'ailleurs pas évident qu'il faille maintenir le terme de souffrance dans le premier cas puisque ce qui est visé ici est, au fond, une négativité propre à la vie psychique, à entendre à la fois comme oubli, en ce sens que c'est le moyen proprement psychique pour parvenir à un renouvellement de ses données, vu que c'est l'instrument même du travail psychique, et à entendre aussi comme angoisse de l'oublié, anxiété devant ce qui s'est brusquement dérobé, absenté, et dont je ne suis pas certain que cela puisse revenir. Le travail psychique

1. Pierre Fédida, *Des bienfaits de la dépression*, *op. cit.*, p. 126.

présuppose l'oubli et une acceptation de la part imprévisible qui est oubliée, une forme de travail de deuil. La vie mentale peut être créatrice lorsqu'elle parvient à oublier[1]. Une vie psychique vivante c'est une vie au plus près de la création, c'est-à-dire aux bords de l'oubli[2]. L'oubli, dont il est question, n'est pas la perte de mémoire, la lacune mais le moyen du travail psychique lui-même au sens où le passage d'une idée à une autre, d'un affect à un autre qui marque la possibilité même d'une richesse mentale (le contraire de la pensée opératoire) est lié à un effacement de l'idée première, de l'affect antérieur. Ce qui ne veut pas dire disparition. L'idée ou l'affect ne disparaît pas quand il est oublié. Il demeure dans l'idée ultérieure, dans l'affect suivant, non comme une extériorité qui resterait en position de surplomb mais comme une coloration supplémentaire[3]. Le drame de la pensée opératoire c'est qu'elle ne parvient à rien oublier. L'homme de la pensée opératoire sait que l'idée A est le moyen de l'idée B qui doit mener au résultat C. Aucune vie psychique n'est réellement possible dans l'idée A ou dans l'idée B car aucun halo mental n'est engagé par les idées qui ne sont rien d'autre que des schèmes techniques, des instruments pour l'action. La caractéristique d'une idée, d'un affect, d'un sentiment, c'est que toute la vie psychique s'y retrouve, ce qui signifie que la vie psychique est tout entière colorée par l'idée, l'affect, le sentiment qui ne la diminuent pas mais au contraire l'amplifient au point de former un monde mental qui n'est pas une intériorité mais une réserve d'individuations. Il n'y a pas de

1. Nietzsche, *La deuxième considération inactuelle.* Voir également la lettre C comme culture de Deleuze dans son Abécédaire.

2. *Cf.* Paul Ricœur, *La mémoire, la trace et l'oubli.*

3. Le moi grossit comme une boule de neige. *Cf.* Bergson, *L'évolution créatrice.*

rapport d'extériorité entre la vie mentale et ses idées, ses affects, ses sentiments.

On comprend alors que la clef de la vie psychique soit le passage, l'animation, le mouvement. Il n'existe pas de vie psychique réussie mais une multiplicité de formes mentales qui sont autant d'expériences mentales sans filet et il existe des vies psychiques qui parviennent à s'animer et d'autres qui n'y parviennent pas, ou qui n'y parviennent plus parce qu'elles retombent dans des dispositions habituelles qui n'autorisent plus les moindres différenciations. L'enjeu, c'est alors la lutte contre la « paupérisation de la vie psychique, (le) renforcement de la banalité de la dépression comme défaut d'adaptation et de créativité »[1]. Parler d'une souffrance psychique c'est dire que la vie psychique est sujet de la souffrance, à la fois objet de la souffrance et cause de cette souffrance dans la mesure où le mental n'est pas seulement une caisse à enregistrement des souffrances qui seraient produites ailleurs, dans la vie sociale par exemple, mais contribue également à produire des allures psychiques de souffrances, en fonction d'une historicité propre. Naturellement, l'historicité de la vie mentale est en rapport avec l'histoire du sujet, existentielle, sociale. Il est donc nécessaire de chercher dans la souffrance psychique l'ensemble des liens avec les souffrances sociales et existentielles d'un sujet, ce qui doit apparaître comme une tâche majeure en philosophie politique[2] et l'une des formes que doit prendre une philosophie de la vie ordinaire (voir le chapitre suivant). Il existe une consistance propre de la souffrance sociale dont la souffrance psychique peut apparaître

1. Pierre Fédida, *Des bienfaits de la dépression*, *op. cit.*, p. 14.

2. *Cf.* Emmanuel Renault, « La philosophie critique : porte-parole de la souffrance sociale ? », Mouvements, n° 23.

comme une dimension spécifique dans la mesure où la souffrance sociale est amplifiée par la vie mentale d'un sujet. Seulement ces liens entre souffrance sociale et souffrance psychique ne doivent pas faire disparaître la spécificité de la souffrance psychique dont l'expérience proprement dite, résumée sous le terme général de dépression, est à chercher dans un appauvrissement de la vie psychique, lié selon Fédida, à un "défaut d'adaptation et de créativité".

L'important est de penser les deux termes ensemble et de ne pas les isoler. Car l'adaptation est à bien des égards (c'est là le problème de l'homme normal) une condition de la créativité. L'adaptation, en effet, réside dans la capacité de tenir compte des données extérieures figurant dans des milieux de vie hétérogènes auxquels un sujet appartient. Ces données extérieures sont bourrées d'informations mais aussi d'émotions, de sentiments. L'adaptation n'est donc pas une manière d'esquiver la vie psychique, c'est au contraire une façon de s'y confronter. Elle doit être prise dans un sens vital et social. Elle désigne la production d'un ensemble de régulations qui assurent à un vivant une certaine survie en milieu externe. Parler d'une disposition à l'adaptation de la vie psychique, c'est donc enterriner la valeur centrale de certaines normes mentales pour un sujet, qui ont pour caractéristique d'ouvrir à une série cohérente de mondes différenciés et ainsi de ramener tout un ensemble d'informations d'emblée organisés et prêts à s'insérer dans la vie psychique elle-même. L'adaptation est donc bien ce qui ouvre la vie psychique à des mondes extérieurs et organise un transport de la vie externe à la vie mentale. Ces transports sont rendus possibles par le pôle mental des normes. C'est la raison pour laquelle elles jouent un rôle central dans la vie psychique. C'est pourquoi c'est avec elles que s'amalgame le sujet proprement dit, que s'élabore une identité personnelle. Pour persévérer dans son être, l'enfant a besoin de s'attacher à un ensemble de lois, de pouvoirs, de normes qui l'assujettissent, c'est-à-dire le rendent dépendants, dans sa propre formation, de ces normes et contribuent à sa formation comme sujet libre[1]. Cette production de soi comme sujet suppose que l'enfant incorpore les normes qui le font être. Cette incorporation n'est pas une intériorisation puisqu'il n'y a pas, à proprement parler, d'intériorité, de pôle subjectif antérieur à la forme mentale des normes. C'est seulement quand les normes deviennent une forme mentale, un thème de la vie mentale que du sujet peut se former, amalgamé aux normes qui, de ce fait, deviennent centrales dans la vie mentale puisqu'elles organisent un pôle de référence constant, lequel, ramené à la forme subjective qu'il a produit, est la source de l'identité personnelle. L'identité personnelle, c'est alors le pôle des normes amalgamées à la forme-sujet, c'est une certaine modulation subjective du pôle des normes. Les normes, dans cette affaire, ne se contentent pas de créer un pont entre la vie externe et la vie mentale, assurant une porosité de l'une à l'autre. Elles transforment la vie mentale en sujet psychique en fonction des formes d'assujettissement qu'elles assurent.

On pourrait dire que l'homme normal se constitue dans cette séquence et qu'en ce sens il est normal d'être normal puisque les normes sont tout, y compris dans la vie psychique, et on aurait raison si l'on en restait là. Seulement il y a adaptation et

1. Comme le note Blanchot à propos de Foucault, « de cet assujettissement (...), nous tirons la conséquence glorieuse d'être des sujets et des sujets libres ». Cf. *Une voix venue d'ailleurs*, Paris, Gallimard, 2002, p. 134. L'illusion de la liberté est maintenue jusque dans la conscience de l'assujettissement.

création et non pas uniquement adaptation. Il importe de comprendre que l'adaptation n'a de sens véritable qu'en tant qu'elle ouvre à la création. Il faut résister au schéma simple qui consiste à voir d'un côté la solitude magnifique de la création et de l'autre côté la multitude moutonnante de l'adaptation. La création est portée par une adaptation comme ouverture aux mondes. On voit clairement que l'adaptation n'est pas la fin de la vie psychique mais seulement son moyen. La vie psychique s'assure sa survie par l'adaptation mais elle fait plus. En s'assurant cette survie, en produisant les formes de régulation qui lui sont nécessaires, l'adaptation transporte la vie psychique dans une variété inouïe d'informations, d'affects, de significations et, ce-faisant, peut s'autoriser des potentialités psychiques nouvelles, des créations mentales inédites. L'adaptation, alors, ne se retourne pas contre elle-même mais elle porte à un nouveau niveau de performativité qui n'est plus la régulation mais l'individuation, qui n'est plus la répétition mais la différence. La vie psychique n'est plus seulement extensive mais elle devient, pour reprendre une catégorie de Deleuze, intensive. C'est dire que le pôle mental des normes n'a pas été un obstacle mais la condition même des individuations de la vie psychique. Sans cette forme-sujet qu'il contribue à produire, il ne peut y avoir la moindre individuation ou désindividualisation évoquée auparavant. Le pôle des normes assure l'ouverture aux mondes que la vie psychique parvient à plier, en fonction de ses désirs, de ses restes, en de nouvelles synthèses intensives, des devenirs mentaux inédits. La créativité ne se retourne pas contre l'adaptation mais elle s'adosse à elle pour élaborer de nouveaux mondes (la littérature, les arts, la science, la philosophie, les créations ordinaires).

Cette créativité que Fédida nomme la dépressivité de la vie psychique peut être doublement mise à mal, lorsqu'elle est niée par l'homme normal, lorsqu'elle est bloquée par les souffrances psychiques. L'homme normal désire ignorer la liaison adaptation-création. Seule lui importe la justification de son existence fournie par l'adaptation aux normes sociales parmi lesquelles les normes de travail jouent un rôle essentiel. L'homme normal, par conséquent, ne se soucie pas de sa vie mentale. Elle lui apparaît seulement comme l'opération qui assure la soumission aux normes extérieures et c'est pourquoi elle tend à prendre une forme opératoire. Il n'y a pas uniquement renoncement à la créativité psychique mais renoncement à l'ouverture des mondes produite par l'adaptation elle-même. L'homme normal est alors malade de la vie psychique qu'il ne parvient pas à faire vivre, dans la mesure où il la laisse à un état d'achèvement qui est la marque même de son annulation. En réalité, « l'appareil psychique étant par nature inachevé, ne cesse jusqu'à la mort de se construire et de se remanier »[1]. C'est pourquoi l'identité reste une forme incertaine, produit de l'assujettissement aux normes qui laisse de côté les processus de renouvellement de la vie psychique. Ces processus trouvent naissance dans l'inachèvement de la vie psychique, c'est-à-dire dans certaines expériences où l'identité d'un sujet est ébranlée et où les limites du moi sont révélées par des devenirs imperceptibles, moments de saisissement qui sont pour Michel de M'Uzan ceux de la création littéraire, de l'expérience du deuil et de la naissance de l'affect[2]. Ces expériences qui ne sont absolument

1. Michel de M'Uzan, *De l'art à la mort*, Paris, Gallimard, 1977, p. X.
2. *Ibid.*, p. IX.

pas pathologiques renouvellent la vie psychique et sont à l'origine d'individuations inédites. En ce qui concerne les affects, part majeure de la vie psychique renouvelée, il faut souligner que l'affectivité représente bien l'expérience cruciale en laquelle la vie psychique trouve à se renouveler. La créativité mentale est alors une affectivité portée jusque dans les idées et non la négation des affects par les idées. La philosophie est ainsi cette affectivité réflexive qui assume, pour sa part, la déconstruction de l'homme normal, homme sans affects, gelé dans la norme en laquelle il se protège. Aussi la circulation des énergies est-elle doublement retravaillée dans la vie psychique, en fonction de la centralité des normes qui impriment une direction à la vie psychique qui va de l'adaptation à la création, en fonction de l'affectivité comme expérience primordiale de la vie psychique qui la situe dans un inachèvement structurant, l'obligeant de ce fait à renouveler l'identité acquise dans l'attachement aux normes et, ainsi, à aiguillonner les processus créateurs de la vie psychique en permettant un débordement des seules modalités adaptatives.

Seulement une telle créativité peut être mise à mal d'une autre manière dans les souffrances psychiques. Il y a souffrance psychique quand il y a crispation dans la mobilité psychique, quand le flux de la vie psychique ne parvient plus à s'écouler parce qu'il est ramené vers un affect dominant ou une idée obsessionnelle. La fixité est l'indice d'une souffrance de la vie psychique qui révèle qu'elle ne parvient plus à se tourner vers autre chose et qu'elle est, de ce fait, dans l'incapacité d'oublier. Celui qui ne peut sortir de chez lui sans compter systématiquement toutes les fenêtres des immeubles souffre non seulement de la difficulté d'une telle procédure mais encore du coût psychique de cette procédure. La fixation est l'entrée dans le monde de la névrose[1]. La perte de la créativité psychique vient de son ressassement préféré à toute forme d'errance, qui interdit le moindre travail psychique, le moindre déplacement ou sublimation. De Kant à Freud, ce n'est pas un hasard si une même mobilité de la vie psychique, sous la catégorie du jeu ou du travail, est prise au sérieux. Le libre jeu des facultés exhalte un sentiment vital. Le renvoi incessant, non fixé, d'un pôle de la vie mentale à un autre pôle de la vie mentale est le signe d'une vie qui se développe et jouit de sa propre activité. Le déplacement, la sublimation renvoient à des formes de vie non assujetties qui révèlent une liberté fondamentale qui affleure dans le travail même de l'esprit. On comprend alors que la souffrance psychique ne soit pas seulement vécue comme une maladie par le sujet souffrant mais comme la possibilité pathologique de rétablir une normalité par ailleurs compromise. C'est que l'homme ne se contente pas de souffrir, il s'attache à la souffrance psychique comme définissant son être même. La souffrance est ainsi l'indice d'une vie psychique diminuée mais d'une vie identifiée.

L'homme s'attache alors à la pathologie en identifiant sa vie à la fixation dont il souffre, comme à une normalité par défaut. La maladie psychique qui est attachement à une idée fixe, un ensemble appauvri d'affects n'est pas le contraire de la normalité mais son envers. C'est que dans la référence à la normalité, il y a également un attachement névrotique à certaines normes qui prive la vie psychique de tout travail d'individuation et aboutit, par conséquent, à son appauvrissement ultime. Entre l'homme normal, attaché de manière pathologique à certaines

1. Freud, *Conférences d'introduction à la psychanalyse*, Paris, Gallimard, 1999 pour la traduction française, p. 352.

normes qu'il s'interdit de voir bouger et l'homme pathologique, attaché de manière normale à une pathologie (au sens où il la transforme en norme de vie), il n'y a rien d'autre que le signe d'un passage à la limite révélé par l'approfondissement de la souffrance psychique comme être même de celui qui souffre. C'est pourquoi Freud a pu dire, à propos des maladies mentales ou psychosomatiques, que l'homme est responsable de sa maladie, non pas au sens où il est l'auteur de sa maladie mais au sens où il se redéfinit entièrement en fonction de la maladie dont il est le sujet, exactement comme l'homme normal se redéfinit entièrement en fonction de la normalité dont il est le sujet [1].

C'est pourquoi une clinique de la souffrance psychique ne peut pas consister simplement à soulager l'individu en lui donnant les moyens de se réadapter aux normes en vigueur dans une société. Elle n'est pas une technique de réadaptation mais plutôt un protocole d'aide, émergeant de l'intérieur d'une souffrance, destiné à soutenir à nouveau une créativité de la vie psychique et ainsi à susciter les conditions d'une vie non pas normale mais d'une vie pouvant être menée dans les normes mêmes que la vie psychique est parvenue à créer, à partir de son attachement à des normes enfin assumées mais aussi de devenirs créateurs désormais désirés. Il faut en revenir à Freud. L'impulsion à créer est plus forte que les résistances intérieures, l'analyse ne peut qu'augmenter, jamais diminuer les facultés créatrices [2]. L'attachement névrotique d'un individu à sa souffrance implique le truchement d'un tiers puisque seule une action psychique extérieure peut ébranler la vie

1. Freud, *Technique psychanalytique*, Paris, P.U.F., p. 12.

2. Lettre à Melle N.N ..., datée du 27 juin 1934, Paris, Gallimard, 1966 pour la traduction française.

psychique de celui qui s'est retranché dans sa souffrance. La clinique ne peut donc être qu'une intervention rigoureuse au sein de l'identité de celui qui entend soustraire sa vie mentale à tout processus de désindividualisation. La guérison suscite la modification de celui qui veut se soustraire à toute modification. « A partir du moment où les médecins ont clairement reconnu l'importance de l'état psychique dans la guérison, il leur est venu à l'idée de ne plus laisser au malade le soin de décider du degré de sa disponibilité psychique, mais au contraire de lui arracher délibérément l'état psychique grâce à des moyens appropriés. C'est avec cette tentative que débute le traitement psychique moderne »[1]. La modification psychique apportée par la clinique peut être vécue comme une perte d'identité, une perte d'intégrité dont ne veut pas le patient parce qu'il est attaché de manière névrotique aux formations psychiques qui le font par ailleurs souffrir. La clinique est, en effet, une entreprise de désindividualisation qui peut saper, jusqu'à un certain point, les bases mêmes du sujet, risquant alors d'être vécue comme une forme de mort psychique, d'abandon improbable du soi. Ferenczi s'en prenait déjà à Freud sur ce point, ainsi que le rappelle Fédida : « Et de même que je dois maintenant reconstituer de nouveaux globules rouges, est-ce que je dois (si je peux) créer une nouvelle base de personnalité et abandonner comme fausse et peu fiable celle que j'avais jusqu'à présent ? Ai-je ici le choix entre mourir et me "réaménager" »[2] ?

1. Freud, « Traitement psychique (traitement d'âme) », dans *Résultats, idées, problèmes*, Paris, P.U.F., 1984, t. I, p. 12.

2. Ferenczi, *Journal clinique*, Paris, Payot, 1985 pour la traduction française, p. 284.

C'est un fait que Freud envisage la psychothérapie analytique comme une technique de transformation du soi malade[1]. La psychanalyse intervient par des moyens psychiques sur la vie psychique elle-même. Seulement cette technique se heurte à la résistance du malade qui, à l'instar de Hamlet, s'écrie que « vous ne saurez jamais jouer de moi »[2]. La résistance du malade vient de ce que ses forces psychiques sont en jeu dans la maladie. Aussi la problématique de l'intervention-modification du soi dans la clinique trouve-t-elle sa limite dans le fait qu'une théorie du soi reste l'enjeu de toute clinique parce que la maladie psychique ne peut pas être purement et simplement enlevée, comme si elle était une simple manifestation superficielle. La résistance du malade à la guérison révèle les forces psychiques en jeu dans la maladie. C'est pourquoi la théorie analytique doit s'intéresser aux mécanismes de résistance mis en avant par le malade. Ils permettent de lire l'attachement subjectif du malade à la maladie et ainsi d'envisager les forces psychiques de la personnalité malade. La maladie est donc bien, en ce sens, un processus subjectif, caché au plus profond de l'individu qui doit être dégagé dans un premier temps par l'analyse et combattu dans un second temps pour qu'il y ait possibilité de guérison. L'issue heureuse de ce combat nécessite une sortie de soi qui est précisément l'expérience du transfert. Le transfert, c'est alors simplement la capacité d'aimer autre chose que soi, c'est-à-dire l'expérience d'un certain détachement quant à l'amour de soi qui est présupposé dans la souffrance psychique. Semblable à la sculpture qui révèle la forme d'un animal, lorsque le sculpteur enlève tout ce

1. Freud, « De la psychothérapie », dans *La technique psychanalytique*, Paris, P.U.F., 1953 pour la traduction française, p. 12.
2. *Ibid.*, p. 15.

que la pierre brute contient de superficiel, l'analyse découvre l'idée pathogène en son sens proprement subjectif. Elle se préoccupe ainsi « de l'origine, de la force et de la signification des symptômes morbides »[1]. Elle cherche donc l'attachement subjectif du malade à la maladie, à la différence de la technique par suggestion qui entend appliquer une même méthode, l'hypnose, aux symptômes des maladies, semblable à la peinture qui s'applique de l'extérieur sur une toile. A la différence de la toile blanche, la forme dans le bloc de pierre ne peut être effacée. Au contraire même, elle doit être révélée. Ce qui veut dire que chaque subjectivité est malade à sa manière et que c'est la prise en compte de la subjectivité selon cette manière qui suscite un chemin possible vers la guérison dans la mesure où elle révèle les résistances du malade, ses différentes formes d'attachement à sa maladie et ainsi construit une expérience possible du transfert, du détachement.

La transformation du soi qui s'opère dans l'analyse ne signifie pas un abandon du soi malade au profit d'un nouveau soi, la création d'une personnalité nouvelle sans rapport avec la personnalité malade mais la possibilité qu'un nouveau rapport à soi s'institue. La transformation du soi vise à rétablir un rapport à soi sur la base d'un travail psychique de nouveau disponible pour le soi. Cette possibilité qui est le but même de l'analyse n'implique pas que la souffrance psychique ait disparu mais qu'une vie psychique est désormais enfin praticable. La psychanalyse vise moins à faire sans qu'à faire avec. Faire sans c'est revenir à une normalité introuvable. Faire avec c'est de nouveau instituer un certain jeu des facultés à l'origine d'un travail psychique. Le dilemme ne réside donc pas, pour la

1. *Ibid.*, p. 13.

psychanalyse, entre l'homme normal et l'homme pathologique mais entre une souffrance psychique insupportable qui se retourne contre la vie psychique et une souffrance psychique qui n'interdit pas les tours et détours de la vie mentale. La guérison redonne une marge de mobililté à la vie psychique dans la souffrance même. Elle est effective à partir du moment où la vie mentale « met en œuvre, de l'intérieur, ce qu'on peut appeler son travail de transformation, c'est-à-dire le passage d'une forme dans une autre forme »[1]. Ceci n'implique pas, bien entendu, une abolition (décidément chimérique) de l'attachement du sujet au pôle mental des normes mais un travail possible portant sur les modalités subjectives de fixation aux normes et sur l'angoisse qui les accompagne nécessairement.

Il est temps de faire retour à l'homme normal et de tirer les leçons d'une clinique de la souffrance psychique. En toute rigueur, il s'agit d'envisager une clinique de l'homme normal. De la même manière que la clinique est un protocole collectif, social, historique (qui prend la forme d'un colloque singulier) qui prend en charge la transformation du soi malade attaché à la maladie qui le fait souffrir, de la même manière une clinique de l'homme normal impliquerait la mise en place de protocoles permettant aux sujets qui souffrent de normalité de faire un certain travail sur les normes auxquelles ils sont assujettis et dont ils souffrent en retour, du fait même que leur vie ne parvient plus à prendre la forme d'une mobilité créatrice, à être en travail. Cette clinique qui pourrait être prise en charge par l'école, par la formation continue mais aussi par une lisibilité plus grande du travail associatif dans la société civile,

1. Pierre Fédida, *Des bienfaits de la dépression*, *op. cit.*, p. 140.

et qui serait au fond une politique de la tolérance, supposerait également que la transformation du soi de l'homme normal est possible, qui irait dans le sens d'une perte d'intégrité du soi de l'homme normal, entreprise de désindividuation qui serait la chance pour de nouveaux devenirs et une réorientation complète de la vie ordinaire (voir le chapitre suivant). Cette transformation serait d'ailleurs moins une modification de l'homme normal qu'une remise au travail de la vie psychique en vue d'une réorientation du soi dans les conflits possibles entre les processus d'attachement aux normes et les devenirs créateurs.

Une telle entreprise ne signifierait pas l'abandon du sentiment de normalité de chaque être, lequel n'a rien à avoir avec la construction même de l'homme normal, dans la mesure où il est une donnée immédiate de la vie commune, la forme mentale implicite que prend l'immédiateté même de tout rapport préréflexif à soi dans la vie ordinaire. Ce sentiment trouve son origine dans l'estime de soi qu'un sujet peut construire à partir de la certitude qu'il a d'être aimé [1]. Il fonctionne alors comme un schème mental inconscient indispensable à l'ensemble de nos pratiques quotidiennes et n'est pas étranger à l'angoisse de l'anormalité que tout sujet éprouve également, lorsque par exemple, il se retrouve seul devant un miroir et qu'il scrute de manière maniaque les moindres parties de son corps, ou quand il s'interroge sur sa sexualité, sur sa violence, *etc.*, Cette angoisse révèle, par delà la fragilité du sentiment de normalité, que l'attachement aux normes est lui aussi précaire et que, par suite, il n'y a pas de formation du sujet sans l'expérience de

1. Cette certitude d'être aimé remonte à l'amour que l'enfant reçoit des parents et qui est la racine de l'attachement. Cf. Tzvetan Todorov, *La vie commune*, Paris, Seuil, 1995, p. 102.

l'angoisse de la norme[1]. Il serait d'ailleurs permis de se demander si l'angoisse, en son fond, n'est pas, ainsi que Freud le suggère, angoisse de la norme, y compris des normes de régulation vitale, et par suite seulement angoisse de la mort. Toujours est-il qu'une telle clinique de l'homme normal travaillerait, d'une manière rigoureuse, à rendre l'homme un peu moins normal. Ce qui signifierait très précisément, d'une part, que l'homme serait envisagé dans toute la variété créatrice de son travail psychique et que, d'autre part, l'homme serait regardé en fonction de la pluralité des normes qu'il met en jeu dans sa vie ordinaire et qui sont comme autant de théâtralisations de sa propre vie psychique, d'ouvertures mentales dont le revers, si je peux parler ainsi, est l'étrangeté et dont la condition d'acceptation est la totérance.

Il est grand temps d'envisager des lieux où une telle clinique de l'homme normal pourrait se mettre en place. Et l'on songe aux écoles, à la vie au travail, aux couples, aux familles, à tous ces entrelacs de la vie mentale et de la vie sociale sur lesquels le barbare a vite fait de trancher en affirmant qu'il a le monopole de la normalité et que tout ce qui lui est différent est dissemblable et par suite immergé dans un pôle d'anormalité. Et l'on pense à toutes les familles qui s'auto-proclament normales pour mieux disqualifier celles qui vivent autrement. Et l'on pense à toutes les manières d'exister brusquement réduites à des folies qui s'ignorent. Et l'on pense à toutes les identités négatives proclamées telles par ceux qui, trop rapidement, consentent à se définir par la seule estimation de leur propre normalité, laquelle n'est que l'accomplissement, sous forme de

1. Une telle précarité peut passer au premier plan lorsqu'à la suite d'un traumatisme, un sujet voit brusquement l'évidence du cercle ordinaire de sa vie rompue. *Cf.* Patrick Bracken, *Trauma. Culture, Meaning and Philosophy*, London, Whurr Publishers, 2002.

destin de la normalité, d'un assujettissement inévitable de l'homme aux normes. Et l'on pense à toutes les identités négatives qui reviennent et ne cessent de hanter l'homme normal : *le chômeur, le noir, l'arabe, le jaune, le juif, le métèque, l'oisif, le bizarre, le dégénéré, le décadent, le vaurien, le bon à rien, le rêveur, le pédé, la tantouse, l'efféminé, la garçonne* ... La liste est sans fin mais c'est une liste d'homme normal rendu malade par sa folie de la norme. Une clinique de l'homme normal permet de redonner sens à une phrase prononcée dans un contexte de haute normalité[1]. Elle permet également de redonner sa vraie portée à cet autre énoncé formulé par Georges Canguilhem : « Or, comme il nous a semblé reconnaître dans la santé un pouvoir normatif de mettre en question des normes physiologiques usuelles par la recherche du débat entre le vivant et le milieu (recherche qui implique l'acceptation normale du risque de maladie), de même il nous semble que la norme en matière de psychisme humain c'est la revendication et l'usage de la liberté comme pouvoir de révision et d'institution des normes, revendication qui implique normalement le risque de folie »[2].

1. Ronald Laing, *La politique de l'expérience*, Paris, Stock, 1967 pour la traduction française, p. 100. Cité par Deleuze et Guattari, *L'anti-Œdipe*, *op. cit.*, p. 157.
2. *La connaissance de la vie*, *op. cit.*, p. 168.

chapitre 11

la vie ordinaire

L'homme normal est un être dont la vie psychique est bloquée. De ce blocage, il résulte une souffrance ou une maladie, la maladie de l'homme normal. Une clinique de l'homme normal peut redonner à ce dernier la possibilité d'un nouveau sens des normes et contribuer ainsi à rendre possible une nouvelle expérience de soi dans les normes en suscitant des expériences psychiques inédites. La vie psychique est dans un rapport étroit avec la vie ordinaire. Même si elle peut sembler en apparence plus vaste et plus indéterminée que la vie ordinaire, elle lui est totalement nécessaire, non pas au sens d'un antécédent qui la rendrait possible mais plutôt au sens d'une structure d'action sans laquelle aucune action de la vie ordinaire ne pourrait voir le jour, l'encadrant, lui donnant forme, disparaissant en elle d'une manière ou d'une autre.

Trop souvent la vie ordinaire est conçue comme une répétition plutôt que comme une variation d'expériences. Or la vie ordinaire ne cesse de déplacer, d'inventer, de contester, le plus souvent de façon imperceptible, sans pour autant que l'on puisse dire que cet imperceptible là est un quasi rien. Il est temps de réhabiliter les déplacements imperceptibles de la vie ordinaire et de ne plus voir en eux des piétinements insignifiants ou pire des retards, des arrêts idéologiquement condamnables pour une époque qui a privilégié, au point que certains ont en fait un slogan post-moderne, la vitesse, le mouvement spectaculaire sur toute autre forme de mobilité[1]. Certes, il ne faut pas sacraliser la vie ordinaire, ce qui serait une façon de refuser toute transformation politique, comme si la vie ordinaire était par elle-même la vérité de la politique[2]. Seulement il existe une richesse de la vie ordinaire dont la moindre des choses est d'en rendre compte avant d'aller voir ailleurs. Partir de la vie ordinaire ne signifie pas qu'il ne faille jamais la quitter mais qu'il faut sans cesse y faire retour. Une politique de la vie ordinaire n'est pas le sacre de ce qui existe mais la décision de faire avec ce qui existe, sachant qu'une existence c'est toujours une sortie de soi, un déplacement et que ce sont ces déplacements qu'il faut penser.

Toute vie ordinaire est, de ce point de vue, potentiellement explosive. Dans ses apparentes répétitions, elle ne cesse de se déplacer, de manifester un style. Le style n'est pas une affaire d'art. Ce n'est même pas la revendication sublimée d'un art de vivre au sens où il faudrait absolument formuler une esthétique de l'existence pour laisser la part belle à des processus de subjectivation libérés au maximum, enfin, des pouvoirs assujettissants. Il y a dans l'idée d'une esthétique de l'existence une certaine héroïsation de la vie ordinaire, le parti-pris d'un arrachement qui confère à la vie la forme même d'une œuvre d'art. L'esthétique de l'existence ne fait pas descendre l'art dans la vie, elle hisse bien plutôt la vie jusqu'au niveau ontologique de l'art pour lui donner ses lettres de noblesse. Le style, dans la vie ordinaire, est bien plus banal que l'ensemble de ces

1. Peter Sloterdijk, *La mobilisation infinie*, Paris, Christian Bourgois, 2000, p. 29.

2. Cf. Sandra Laugier, *Faut-il encore écouter les intellectuels ?*, *op. cit.*, p. 134 : « On imagine parfois que le recours à l'ordinaire, à nos formes de vie quotidiennes était une solution au scepticisme : comme si toutes les formes de vie étaient des institutions sociales, un arrière-plan justificatif ou causal ».

processus et c'est à cette banalité que je propose de faire retour, tout en m'efforçant de garder à l'esprit les raisons (politiques) qui peuvent être à l'origine d'une esthétique de l'existence[1].

Le style est un certain rendu de la vie ordinaire. Il n'y a pas de vie, la plus modeste soit-elle (mais qu'est-ce que la modestie ?) qui ne déploie ce que l'on pourrait nommer une qualité de tremblé de l'existence et qui doit être comprise en son sens strict. L'existence est tremblante, elle se décale légèrement mais en permanence. Le style c'est ainsi la ritournelle de vies ordinaires tremblantes. Car nous vivons sur des chaussées glissantes que nous fabriquons avec nos corps, nos pensées, nos désirs, dans notre usine mentale. Il n'y a pas d'attachement aux normes pour un sujet sans un désir d'évasion ou même sans une façon de bégayer, de trembler dans l'attachement lui-même. Trembler c'est ne jamais répéter à l'identique. Nous répétons et en même temps nous nous décalons sans nous en rendre compte et ces décalages révèlent une puissance de se décaler, une possibilité de devenir qui peut finir par l'emporter, quand une prise de conscience apparaît, quand elle est relayée par un travail de la vie psychique, quand un désir se développe, sur l'identité absurde de la normalité. Le style ce n'est alors rien d'autre que ce négatif qui éloigne la norme d'elle-même en ramassant les tremblés d'une vie pour les propulser à l'avant de soi, dans un avenir encore indifférencié mais qui peut prendre progressivement la forme d'une tâche à accomplir, d'une pratique de liberté. Le style c'est ainsi le déplacement rendu à sa vraie puissance, c'est la création trouant la normalité par l'appel à un usage de soi, à une

1. *Cf.* Sami-Ali, *Le banal*, Paris, Gallimard, 1980, p. 9-21.

normativité entendue comme création de normes et tenue pour davantage normale que la normalité elle-même.

D'où vient cette expérience du style alors même que la formation du sujet est entièrement liée à son assujettissement ? Le récit de la formation de soi se construit dans l'attachement aux normes mais cet attachement implique non seulement des résistances internes à l'attachement lui-même mais encore des désirs de contrer les normes auxquelles le sujet s'attache. Ces résistances et ces désirs ne révèlent pas une part de soi libérée des normes puisque le soi est produit par les normes mais elles mettent en avant des polarités de la vie mentale qui ne viennent pas de l'attachement aux normes, qui viennent d'ailleurs, de la créativité inhérente à la vie. Cette dernière ne se contente pas de se soumettre aux seules normes de viabilité qui la définissent mais se risque, le cas échéant, dans de nouvelles normes, révélant une puissance de créativité insoupçonnée. Il existe une vie créatrice de la vie psychique et cette vie imprime des polarités pulsionnelles, des dispositions à la vie mentale avec lesquelles les normes composent mais qu'elles ne peuvent totalement réduire. Il existe ainsi un reste à l'assujettissement et ce reste ne garde pas une position d'extériorité, il continue à travailler dans l'assujettissement lui-même, n'offrant certes pas l'occasion d'un détachement à l'égard des normes, mais rendant possible des perspectives de déplacement, de détournement. Le style désigne alors cette opération de détournement produite de l'intérieur même de l'assujettissement. Il ne suppose pas que parle enfin la subjectivité silencieuse, réduite au silence par le bavardage ininterrompu des règles. Il ne suppose pas un accès inespéré à une part maudite ou à une expérience radicale du dehors.

Le style c'est le travail du reste dans les normes elles-mêmes. Se référant à l'ensemble des processus d'assujettissement en jeu dans l'interpellation, Mladen Dolar entend montrer qu'il existe non pas un mais deux sujets, le sujet de l'idéologie (le sujet althussérien), constitué dans les procédures d'interpellation, et le sujet imaginaire (le sujet lacanien) qui émerge précisément là où l'idéologie échoue à constituer intégralement le sujet [1]. Ceci revient à affirmer, ainsi que le note Butler, qu'une intériorité est de nouveau chose possible, celle-là même qu'aucune norme ne peut transformer en extériorité intériorisée. Il y aurait alors, d'un côté, les procédures matérielles d'assujettissement et de l'autre côté, dans la même personne, sa réserve imaginaire qui apparaîtrait ainsi comme la part inentamée du soi. L'essentiel de la thèse de Dolar concerne bien le "reste" qu'il est possible de faire émerger à côté de l'assujettissement. L'affirmation de Mladen Dolar selon laquelle ce reste révèle un « noyau d'intériorité » immatériel [2] est extrêmement contestable puisqu'on ne voit pas, à priver cette subjectivité immatérielle d'un attachement primitif à des normes, comment une cohérence intérieure trouverait à se formuler par elle-même. Surtout, quel serait ce sujet déjà constitué opposé à ce sujet construit en extériorité ? Il faudrait alors admettre qu'il y a consentement du sujet immatériel à l'assujettissement du sujet matériel, ce qui n'a guère de sens. Comme le fait remarquer Butler, « ce sujet consentant semble précéder et conditionner "l'entrée" dans le

1. « Au-delà de l'interpellation », *Qui parle* 6, n°2, printemps-été 1993, cité par Judith Butler, dans *La vie psychique du pouvoir*, *op. cit.*, p. 184.
2. Expression de Mladen Dolar citée par Judith Butler, *op. cit.*, p. 187.

symbolique et donc son propre devenir sujet »[1]. Pour Dolar, la subjectivité est produite de manière matérielle, selon des rites, des normes, mais elle ne peut l'être que parce qu'il existe une logique symbolique et immatérielle du sujet sur laquelle s'adosse la subjectivité. Sans s'accorder avec un tel dualisme, il est possible de repartir de la source vive de l'argument de Dolar (que reprend aussi à sa manière Butler). Il existe bien un reste à l'assujettissement qui n'en finit pas de hanter et de harceler le sujet assujetti. Seulement ce reste, et c'est le point essentiel, n'est pas organisé en pôle d'intériorité préconstituée, en sujet antérieur ou extérieur à l'assujettissement. Il est plutôt une vie mentale dispersée, disparate, dont la disparation implique des tensions énergétiques que la vie mentale s'efforce d'organiser, créant ainsi des individuations psychiques inédites[2]. Le reste n'est pas un pôle mental organisé et individué mais un flux vital riche de possibles qui entre pour partie dans le processus d'assujettissement et qui est, pour partie, au-dehors, un au-dehors inorganisé qui ne peut s'individuer qu'en se heurtant au pôle mental des normes.

La vie psychique est une vie dans et hors les normes. Ceci revient à dire que les normes ne monopolisent pas totalement toutes les modalités de l'existence psychique et, par suite, de la vie ordinaire elle-même, même si elles mobilisent toutes les modalités du sujet. Il existe des tours psychiques inentamés par l'assujettissement qui ne sont pas pour autant an-historiques puisqu'ils s'individuent dans des actes ordinaires de la vie commune ou restent, sous forme de spectres, comme

1. Expression de Mladen Dolar citée par Judith Butler, *op. cit.*, p. 188.

2. Gilbert Simondon, *L'individu et sa genèse physico-biologique*, Grenoble, Millon, 1985, p. 29.

de purs possibles mentaux, ne pouvant se réaliser du fait même de la vie singulière d'un sujet, faisant naître en retour une souffrance, quand ils parviennent à être suffisamment organisés pour exister.

Il devient dès lors possible, avec Butler, de poser les questions suivantes : « De quel droit une loi monopolise-t-elle si totalement les modalités de l'existence ? Pouvons-nous être ailleurs, pouvons-nous être autres sans nier pour autant notre complicité avec la loi à laquelle nous nous opposons ? Une telle possibilité exige un autre tour, un tour qui, autorisé par la loi, s'en détourne, résiste à son appel d'identité » [1]. La question est de savoir comment un autre tour peut naître d'un reste. Ce qui est particulièrement intéressant dans la formulation de Butler, c'est l'idée qu'une opposition aux normes n'a de sens que sur fond d'une reconnaissance de notre complicité avec elles. C'est dans l'affirmation de la complicité que l'opposition peut prendre sens. Cette opposition ne signifie pas qu'il existe un ailleurs inentamé auquel le sujet doit faire droit pour échapper aux normes qui s'abattent sur lui. Cette opposition se résume en une question que le sujet adresse aux normes qui s'adressent à lui : de quel droit vous en prenez-vous à toute ma vie ? Cette question, en un certain sens, n'est rien d'autre que la pointe éclatante de l'arrogance d'un sujet qui désire encore ignorer qu'il est à ce point le sujet des normes. Pour autant, en un tout autre sens, elle indique un retournement exemplaire du sujet sur la norme qui le produit. Le sujet qui est retourné par la norme se retourne à son tour sur la norme. Ce retournement révèle qu'il n'y a pas emboîtement strict et mécanique du

1. Judith Butler, *La vie psychique du pouvoir*, *op. cit.*, p. 197.

sujet dans la norme mais qu'il existe une vie psychique de la norme, un état de flottement du sujet dans les normes.
L'assujettissement n'annule pas l'errance du sujet mais lui donne un centre qui rend du même coup possible une logique de détournement. Le détournement c'est l'effet du retournement du sujet sur la norme qui le produit et ce détournement marque la possibilité même d'introduire un peu d'air frais dans le jeu des normes. Le détournement c'est alors proprement le retournement de la vie psychique sur la norme. C'est cette opération de détournement que je me propose d'appeler style. Le style est donc une modalité de l'attachement aux normes qui, dans l'attachement même, se signale par un certain pouvoir de détachement. Il existe par conséquent un pouvoir de singularisation de la norme qui s'opère dans le détournement, dans la déviation.
Les opérations de style structurent la vie ordinaire. Jean-Luc Godard dans un film intitulé *Numéro deux*, met en images des vies ordinaires comme autant de vignettes voisines, parfois existant séparément, parfois juxtaposées à même l'écran. Dans l'une d'elles, un vieil homme assis dans un fauteuil, l'air perdu, écoute, un casque sur les oreilles, une chanson de Léo Ferré. Régulièrement, il enlève le casque et la musique cesse d'être audible, puis il le remet et l'on entend le refrain de la chanson, « ton style c'est ton cul ». Peut-être faut-il repartir de cette idée que le style est ce qu'il y a de plus personnel dans la vie ordinaire, à la condition que le style apparaisse, ainsi que le suggère Ferré, dans la vie triviale, dans le banal, dans l'ordinaire de situations qui révèlent un usage de soi, imperceptible mais réel, donnant lieu à des protocoles subjectifs inévacuables, comme est inévacuable ce mouvement qui peut passer presqu'inaperçu de présence et d'absence de la musique

produit par le simple geste de poser un casque sur ses oreilles ou de le retirer.

L'homme normal ne ressort pas indemme de la vie ordinaire dans laquelle je le plonge d'autorité. C'est que l'expression d'homme normal suppose toujours une analyse de la vie humaine vue d'en haut alors que toutes les créations d'une existence ne peuvent apparaître que si la vie est vue d'en bas, au plus près de ce qu'est une vie. Alors il est possible de comprendre que la création ne vient pas d'une intention humaine mais qu'elle procède du rythme même de la vie[1]. Les vies humaines fuient pendant qu'elles s'attachent aux normes. Il y a un pouvoir de production de la vie humaine qui tient d'une échappée constante, d'une difficulté à rester dans un ensemble homogène de règles. Nos pratiques construisent une cohérence qui fait défaut dans nos vies. Il suffit de s'attacher aux rites que nous répétons quotidiennement avec l'opiniâtreté d'un maniaque exemplaire pour comprendre que nous rassemblons nos morceaux pour ainsi dire. On a du mal avec tous nos morceaux, quand bien même l'attachement aux normes, qui construit une cohésion d'ensemble, est une donnée fondamentale de la production de soi. Une vie c'est une tentative pour mettre ensemble des morceaux. Comment vais-je assembler mes pieds et mes mains, mon thorax et mon visage ? Comment vais-je composer entre un désir et une idée, un affect et une impression ? Comment résister à l'émiettement suggéré par la rencontre du neuf, de l'insolite, du brillant ? Comment s'éloigner de Beckett et Bacon de leurs portraits presqu'inhumains d'hommes qui, progressivement, perdent leur forme humaine, sont séparés de leurs jambes, de

1. Gilles Deleuze et Félix Guattari, *L'anti-Œdipe*, *op. cit.*, p. 43.

leurs bras, ne sont plus que torse, visage, tronc dans une poubelle ? Réponse : en s'adossant à la normalité dans la mesure où l'homme typique est un homme qui tient debout, ou en usinant. Usiner, pour reprendre un terme de Deleuze et Guattari, ce n'est pas nécessairement s'éloigner de la norme mais c'est produire, jusque dans les normes elles-mêmes, une figure à soi dans l'espace et dans le temps. Le style est la figuration de la vie ordinaire dans l'attachement aux normes. Il crée une cohérence pour soi, un usage de soi qui n'a rien d'une connaissance de soi mais qui est une pratique inévacuable, une micro-création de la vie ordinaire. Je promène "mon" chien dans "mon" quartier tous les soirs à 19 heures, je vais boire un demi, je joue à la pétanque, je reste un long moment à la fenêtre à regarder les voitures passer dans la rue, je rassemble à chaque fois, à ma manière, les morceaux qui forment ma vie, je compose une figure avec mon chien (sommes-nous deux réunis par une laisse, un seul être à deux têtes ?), je m'imprègne du café, de la rue, je sympathise avec d'autres : chose certaine, ma vie s'organise modestement, non pas à côté des normes mais dans le blanc des normes ; tous les soirs j'invente une figure qui me permet de rester avec moi alors même que je suis sans cesse chez les autres[1]. Je cultive mes « belles de Fontenay » dans mon jardin, je parle aux plantes ou je vais au bistrot avec des copains ou je joue avec des cubes de construction avec mes enfants ou je me rends au stade, autant d'usages de soi, autant de désirs d'être dans le blanc des normes, de petites inventions qui explosent au ras des choses,

1. Voir les névroses des femmes à tout faire qui, étant toujours chez les autres, ne peuvent jamais être chez elles : Louis Le Guillant, « Incidences psychopathologiques de la condition de », dans *Quelle psychiatrie pour notre temps ?*, Toulouse, Erès, 1984, p. 311.

imperceptibles pour qui ne sait voir que la macro-histoire ou pour qui décrypte le quotidien sous l'angle de l'aliénation généralisée[1]. La terre vue d'en bas n'a rien à voir avec une romance populaire qui suggèrerait une vérité du peuple à laquelle devrait retourner la politique si elle voulait avoir un sens. Cette vision, qui se développe beaucoup dans la droite actuelle, d'une France d'en-bas porteuse de toutes les vérités de la politique n'est rien d'autre qu'une construction faite par un "haut" qui se joue du "bas" en l'enfermant dans une identité qui est une fiction destinée à conjurer le scepticisme à l'égard de la politique[2]. Car parler de la vie ordinaire, c'est tout le contraire de l'évocation d'une identité à laquelle il faudrait faire retour puisqu'il y va des créativités imprévisibles qui font violence aux règles et que les règles cherchent à réprimer. Il n'y a pas d'identité de la vie ordinaire mais des devenirs qui s'inventent dans l'anonymat des existences et qui forment légion, une légion fantomatique qu'aucune armée en place ne parvient vraiment à voir.

1. Cf. Jacques Revel (dir.), *Jeux d'échelles*, Paris, Gallimard-Seuil, 1996, p. 10-11. Lire à ce propos les deux livres fondateurs de la micro-histoire : Carlo Ginzburg, *Le fromage et les vers. L'univers d'un meunier du XVIe siècle*, Paris, Aubier, 1980 ; Giovanni Levi, *Le pouvoir au village. Histoire d'un exorciste dans le Piémont du XVIIe siècle*, Paris, Gallimard, 1989. Lire également Carlo Ginzburg, Carlo Poni, « La micro-histoire », *Le Débat*, 17, 1981 et Jacques Revel, « Micro-analyse et construction du social », dans *Jeux d'échelles*, *op. cit.*, p. 15-36.
2. Le dernier avatar de cette fiction est la création d'une télé-réalité censée rendre compte de la vie telle qu'elle est, en apparence document d'époque, en réalité fiction qui normalise les personnes qu'elle prend en charge(les jeunes, la vie quotidienne) et les activités qui les accompagnent. A cette télé-réalité, il faut opposer les documents irréels produits par le cinéma qui font apparaître les sujets comme des êtres de subjectivation et d'individuation, des êtres qui reproduisent les normes et s'en échappent. Ainsi en est-il des enfants filmés par Nicolas Philibert dans *Être ou avoir*. Ainsi en est-il également des hommes et des femmes, émigrants ou immigrants, filmés par Chantal Ackerman.

Les petites transes de la vie ordinaire sont des mises en style de nos existences. Le style est une mise en forme du soi mais cette mise en forme n'est pas un accès à soi puisque l'attachement aux normes contribue de façon beaucoup plus directe à fournir cet accès ; c'est bien plutôt une façon de se mettre à distance de soi par la production d'une invention qui déborde le soi, le pousse à une cohérence qui est moins la cohérence du soi qu'une cohérence pour soi, une façon de produire du soi à distance de la fabrication du soi par les normes. Le style met en forme le soi en lui donnant d'autres polarités que la mise en forme par les normes. Le soi, dans le style, est moins un pôle identitaire qu'une pratique ordinaire inventée dans une opération singulière. Il y a du style chaque fois qu'il y a invention. Il y a invention quand il y a production d'une courbe dans l'espace et dans le temps. Le style est alors proprement art des travers[1]. Peut-être parce que nous nous courbons sans arrêt, au travail avec tous ces ordres, cette folie de l'autorité, sans travail avec cette folie du désordre, à la maison quand l'homme exploite la femme, quand ensemble ils essaient de fixer les règles du jeu familial et de les imposer à "leurs" enfants, peut-être parce qu'indéfiniment nous nous courbons devant les autres ou à défaut les plions à nos désirs, peut-être dans l'espoir de remettre les compteurs à zéro, inventons-nous parfois d'étranges courbures, de ces douces inutilités qui nous amènent au plus secret d'une vie. Il y a de l'inutile dans nos vies, il y a du chien, du ballon, du demi, tous ces opérateurs psychiques qui nous ramènent à un monde enfin déserté par les usines, les administrations, un monde devenu étrange par le fait même que l'immonde est mis en demeure dans des

1. Cf. Pascal Baudry, « Le travers », dans « L'homme normal », *op. cit.*, p. 48-49.

micro-agissements venus d'en dessous. Ce serait cela le style, l'usage répété d'une figure dans l'espace et dans le temps, afin de sortir de l'usage répété que les autres font de soi, le procès d'une certaine individuation qui passe sans en avoir l'air et qui peut être, le cas échéant, comme une pratique de désertion [1]. Michel de Certeau donne un nom très fort à ces pratiques. Pour lui, de tels arts de faire composent « une anti-discipline » [2]. Une telle anti-discipline n'est pas extérieure aux disciplines et aux techniques d'assujettissement que Foucault a pu décrire. Les manières de faire sont des procédures qui en détournent le fonctionnement. C'est pourquoi il y a une ruse essentielle aux arts de faire. Les micro-pouvoirs, producteurs de disciplines, avec toutes leurs technologies qui ne cessent de s'étendre, sont mis en jeu dans les arts de faire qui, note Michel de Certeau, « ne s'y conforment que pour les tourner » [3]. La créativité de l'agir quotidien permet aux utilisateurs des disciplines (aux sujets des normes) de se réapproprier les techniques de production des disciplines elles-mêmes. Ceci suppose une tactique fondamentale de l'agir ordinaire. La tactique, contrairement à la stratégie, ne suppose pas de mise à distance de l'environnement immédiat pour laisser place à une rationalité qui pourrait ainsi émerger. Elle s'insinue progressivement dans l'environnement disciplinaire pour en tirer parti. L'homme ordinaire cherche à profiter (malgré tout) des normes qui s'abattent sur lui [4]. Il n'est pas un stratège mais un tacticien qui transforme les événements en occasions. « Sans

1. Michael Hardt, Antonio Negri, *Empire*, Paris, Exils, p. 263-268.

2. *L'invention du quotidien*, 1 : *Arts de faire*, Paris, Gallimard, 1990, p. XL.

3. *Ibid.*, p. XL.

4. *Ibid.*, p. XLVI.

cesse le faible doit tirer parti de forces qui lui sont étrangères. Il l'effectue en des moments opportuns où il combine des éléments hétérogènes (ainsi, au supermarché, la ménagère confronte des données hétérogènes et mobiles, telles que les provisions au frigo, les goûts, appétits et humeurs de ses hôtes, les produits meilleur marché et leurs alliages possibles avec ce qu'elle a déjà chez elle, *etc.*), mais leur synthèse intellectuelle a pour forme non un discours mais la décision même, acte et manière de "saisir" l'occasion »[1]. C'est la même chose pour le passant ordinaire, le lecteur ordinaire, le cuisinier ordinaire, le conducteur ordinaire, *etc.* Tous mettent en avant des manières de faire qui produisent des synthèses d'éléments disparates, ramenés ici ou là ou puisés dans une histoire de vie propre en vue de tirer à leur profit ce qui, initialement, ne leur était pas nécessairement destiné : la vue d'un terrain vague, la lecture d'un texte difficile, le choix d'un ingrédient nouveau parce qu'il se trouve déjà là, le désir d'une route inconnue ...

Ce qui définit la vie ordinaire c'est ainsi une formidable activité dans les endroits mêmes où l'on pourrait trop rapidement tenir l'homme ordinaire pour le plus passif qui soit. Aussi, souvent réduit à n'être pensé que comme un simple dominé, domination extrême puisqu'elle prend la forme d'une domination mentale, le consommateur, loin de s'identifier à la production du consommateur par la grande industrie, ne se contente pas de répéter l'usage qu'on attend de lui. En réalité il fabrique autre chose au moment même où il use de l'objet attendu. Il réalise donc bien la prescription qui plane sur sa tête sans pour autant laisser toute sa tête dans la prescription elle-même. C'est pourquoi la thèse d'une aliénation du télé-

1. *L'invention du quotidien*, 1 : *Arts de faire*, *op. cit.*, p. XLVI-XLVII.

spectateur, de son abêtissement au contact de l'objet télévision, est en partie erronnée parce qu'elle laisse de côté « ce que le consommateur culturel "fabrique" pendant ces heures et avec ces images »[1]. C'est dire qu'à une production disciplinée, fruit des micro-pouvoirs, s'oppose l'ensemble des productions sauvages de l'homme ordinaire. A la puissance des disciplines répond la ruse inhérente à la vie ordinaire qui récupère ce qu'elle trouve sur son chemin, fait avec, s'arrange, pour reprendre une expression familière. De tels arrangements promeuvent une pensée de type bricolage. Ils ont le mérite de faire apparaître que partout ça bricole, y compris dans les normes elles-mêmes (y compris dans les grands systèmes philosophiques qui passent souvent pour être une sorte de miracle de la pensée, le contraire du bricolage). Ils ont le mérite d'opposer aux pouvoirs des règles de bricolage qui transforment les règles disciplinaires, dans des activités familières, en intérêts propres.

C'est dire que la vie ordinaire n'est pas là où on l'attend, dans la soumission aux normes incorporées et tenues pour évidentes puisque répétées de manière ancillaire et selon une sagesse populaire proverbiale. Elle circule en réalité dans des pratiques qui mettent en jeu un usage de soi pour faire émerger ce que soi attend des autres. L'usage de soi n'est ici rien d'autre qu'une manière propre de bricoler les normes, « une manière de penser investie dans une manière d'agir »[2]. C'est qu'il existe pour de Certeau une intelligence de la ruse (la *Metis*

1. *Ibid.*, p. XXXVII. Voir également Guillaume le Blanc, « Existe-t-il une culture du divertissement ? » *Cités*, *op. cit.*, p. 31. Voir également le dossier de la revue *Esprit* consacré à la culture de l'écran. Voir aussi Alain Ehrenberg, *Le culte de la performance*, *op. cit.*, p. 33.
2. Michel de Certeau, *L'invention du quotidien*, *op. cit.*, p. XLI.

grecque) qui est le fond même de la vie ordinaire. Cette intelligence se manifeste non en s'opposant de manière frontale aux pouvoirs, lois et normes qui nous assujettissent mais en détournant le cours subjectif par la mise en avant d'une capacité proprement poétique à ramener à soi ce qui n'était pas initialement fait pour soi, c'est-à-dire à inscrire dans un *continuum* subjectif une forme disciplinaire. De Certeau nomme cette capacité poétique un art du braconnage, l'art des chasseurs qui parvient à convoquer à son profit une adversité [1].

L'invention du quotidien ne peut être établie que contre l'idée même d'un homme normal. A l'appellation d'homme normal, j'oppose toutes les créations vues d'en-bas. Braconner, poser un piège dans la norme c'est bien une manière de se retourner sur la norme qui nous fait être. Le quotidien s'invente dans les détournements que l'homme ordinaire produit lorsqu'il se retourne nécessairement sur les normes pour les réaliser. Ces détournements sont, pour se servir d'un terme linguistique repris en psychologie du travail par Yves Clot, de véritables catachrèses qui témoignent d'une mobilisation subjective sans équivalent. La catachrèse désigne en règle générale l'usage détourné d'un outil. Yves Clot souligne que l'étymologie grecque du terme indique, pour l'activité catachrétique, le fait de « tirer la couverture à soi » [2]. Par extension, l'activité catachrétique signifie que les normes prégnantes dans un domaine de vie (le travail par exemple) ne sont pas simplement intériorisées par un sujet mais qu'elles sont mises au service du sujet et bénéficient ainsi d'une "deuxième vie" au service de

1. Michel de Certeau, *L'invention du quotidien*, *op. cit.*, p. XXXVI.
2. Yves Clot, *La fonction psychologique du travail*, *op. cit.*, p. 195.

l'activité présente du sujet » [1]. La catachrèse est donc une forme d'appropriation dans l'action du cours de l'activité réglé en théorie par des normes extérieures à un sujet. Elle désigne le détournement de ces normes non pour s'opposer à elles mais en vue de leur réalisation. La réalisation des normes suppose qu'un usage de soi soit possible dans les normes et, par suite, qu'une opération de détournement de ces normes puisse être produite de l'intérieur de l'assujettissement aux normes. C'est à cette condition seulement que l'on peut parler d'un style dans l'action. Le style n'est pas une échappatoire aux normes.

Deux possibilités sont à mettre en avant. Soit le style est une opération d'individuation rendue possible par le flottement des normes. Je suis sorti du travail et je ne suis pas encore rentré chez moi. Il y a dans cette vacance temporelle la possibilité d'une activité ordinaire (la bière après le travail, le jeu de pétanque ...) qui est le moyen d'un usage de soi. Le style vient alors de la configuration même que prend l'activité ordinaire pour un soi. Il apparaît dans le blanc des normes et contribue, du coup, à une acceptation de l'attachement aux normes. Soit le style est la modulation même des normes qui rend possible leur réalisation. Dans les règles de travail, le style donne une certaine liberté à celui qui les réalise. Il est alors une opération fondamentale du travail lui-même et par là des normes qui en soutiennent le sens. Le style est la distance produite dans la vie ordinaire entre l'homme et son activité, nécessaire à la réalisation de l'activité. C'est que, pour reprendre une analyse d'Yves Clot, « le style en donnant de la marge à l'agent de conduite, au brancardier ou aux infirmières, loin donc de

1. *Ibid.*, p. 195.

constituer un obstacle à la mise en œuvre des procédures et du genre, en garantit l'appropriation psychologique, c'est-à-dire l'ajustement »[1]. Les normes prennent consistance dans l'action qui est toujours une modulation des normes. Le style est cette modulation même qui révèle que les normes n'existent qu'à l'état modulé[2].

Aucune norme réelle ne peut se prévaloir d'exister en elle-même. Moduler la norme c'est revenir sur elle dans l'acte même d'être attaché à elle et cette modulation dépend de la situation dans laquelle est affirmée une norme mais aussi des possibles psychiques qui forment la vie mentale du sujet et dont une partie seulement est lisible en fonction de l'attachement aux normes. Le style n'est pas créateur de la norme mais recréateur puisqu'il implique que les genres ne peuvent exister qu'en variation. La variation de la norme révèle ainsi une plasticité propre à la norme qui s'oppose définitivement à la construction figée d'un homme normal. La vie ordinaire fait varier les normes dans les styles.

Seulement ces normes qui sont modulées dans des styles d'action ne sont pas annulées par eux mais développées d'une autre manière. A ce compte, le problème de la vie ordinaire n'est plus de faire craquer les normes et d'en instituer de nouvelles mais de s'accommoder avec les normes existantes au point qu'une nouvelle forme d'attachement aux normes trouve le jour, non plus dans la centralité mentale qu'elles produisent, mais du côté de tous les possibles psychiques qui sont à l'origine des désirs de contrer la norme. Le détournement renforce alors l'attachement puisqu'il suscite une réalisation subjective

1. Yves Clot, *La fonction psychologique du travail*, *op. cit.*, p. 197.
2. *Ibid.*, p. 200.

de la norme qui permet l'amalgame entre une vie ordinaire et les normes. En quel cas les créations de l'homme ordinaire ne sont plus des obstacles à l'imposition d'un homme normal mais sa condition subjective d'apparition.

Le problème est encore renforcé sur le plan politique. Il y aurait un véritable leurre à chercher dans la vie ordinaire une arme efficace pour lutter contre certaines règles sociales puisque les créations de la vie ordinaire finissent par réaliser les normes contre lesquelles elles se retournent. A la limite une entreprise a tout intérêt (c'est d'ailleurs l'option revendiquée d'une certaine psychologie du travail) à promouvoir les remaniements subjectifs des normes par les travailleurs eux-mêmes puisqu'elle s'assure par là non seulement de l'intérêt subjectif des hommes au travail mais également que les normes seront au bout du compte réalisées. Le recours aux usages de la vie ordinaire peut alors très bien être utilisé comme un argument conservateur pour ne rien changer. C'est d'ailleurs ainsi que la notion de vie ordinaire tend à être utilisée en politique. A quoi il faut opposer plusieurs arguments :

1) Une prise en compte des modalités créatrices de la vie ordinaire ne dédouane pas la tâche de la politique d'améliorer les conditions de la vie ordinaire : bien au contraire, la politique doit être d'autant plus prégnante que la vie ordinaire est d'une plasticité telle qu'un aménagement avec les normes, y compris les plus injustes, est souvent chose pensable. 2) La tâche d'une critique de la vie ordinaire est d'autant plus urgente qu'il existe cette puissance catachrétique de la vie ordinaire qui l'expose à des aliénations moins détectables que les aliénations qui peuvent être quantifiées dans une analyse des misères de condition ou même des misères de position : la

vie ordinaire, parce qu'elle est recréatrice des normes, n'est pas un frein à l'assujettissement mais une condition de son approfondissement qui retourne les résistances des sujets aux normes en mobilisations subjectives qui permettent un attachement renforcé aux normes. Une critique de la vie ordinaire, étrangement absente aujourd'hui à de rares exceptions près, devient ainsi une nécessité philosophique qui passe notamment par l'analyse des usages du langage ordinaire [1] mais aussi par une clinique des activités [2]. 3) La catégorie d'homme normal n'est pas congédiée, comme on aurait pu s'y attendre, par le recours à la vie ordinaire mais elle s'est redéveloppée d'une manière inédite dans le sens même d'un détachement opéré à l'égard des normes par les styles d'action : la vie psychique de l'homme ordinaire voit se rejouer, sous la forme même du détachement, des procédures d'attachement qui ne se contentent pas de reconduire le sujet normal initial mais lui donnent un volume subjectif sans équivalent. 4) Les catachrèses, ou procédures de recréation des normes, ne valent que dans les limites des assujettissements tolérés. Plus encore, la catachrèse n'est pas la vérité du style, elle rend seulement compte des procédures du style lorsque celui-ci est confronté à des normes acceptables. La vie psychique de l'homme ordinaire n'est pas seulement catachrétique, elle est aussi délirante. Les vies ordinaires ne se contentent pas des catachrèses, elles produisent des délires, de purs devenirs qui les

1. Voir les analyses qui ont été faites de Wittgenstein, de Cavell, en particulier celles de Sandra Laugier.

2. L'analyse des formes du langage ordinaire prend d'ailleurs chez Wittgenstein une forme thérapeutique qui peut même aller chez ses épigones jusqu'à une définition clinique de la philosophie s'inspirant de la clinique freudienne. Voir en particulier le commentaire du texte de Waissmann : « How I see philosophy ».

exposent à la violence des normes qui ne peuvent plus répondre de ces devenirs. « Jamais on n'ira assez loin dans la déterritorialisation, le décodage des flux. Car la nouvelle terre n'est pas dans les re-territorialisations névrotiques ou perverses qui arrêtent le processus ou lui fixent des buts (...), elle coïncide avec l'accomplissement du processus de la production désirante »[1].

Les délires de la vie ordinaire ne sont pas dans le même rapport aux normes que les catachrèses. La catachrèse est une recréation de la norme, sa mise en développement, elle suppose une mobilisation subjective qui puise dans l'histoire même du sujet. Les présupposés de la catachrèse révèlent le type de rapport à soi qui s'établit dans l'assujettissement. Le sujet est emmailloté dans les normes mais pour autant il produit des déplacements qui donnent sens à cet emmaillotement. La catachrèse est donc une opération d'attachement-détachement alors que le délire se situe toujours dans un rapport plus conflictuel aux règles. Les délires ou devenirs sont des processus d'échappée aux normes qui sont produits chaque fois qu'une invention est produite sans être au service d'une norme existante, chaque fois qu'un individu parvient à créer une norme de vie. Cette norme n'est pas nécessairement en opposition aux normes existantes. Elle peut même mener à leur accomplissement. C'est pourquoi le rapport entre la catachrèse et le devenir n'est pas un rapport d'opposition mais d'implication. Dans toute catachrèse, il y a passage à un devenir, création d'une invention pure (qui est production d'un délire à soi). Ce devenir est le passage à la limite de la catachrèse dans la mesure où ce processus, par lui-même, est

1. Deleuze et Guattari, *L'anti-Œdipe*, *op. cit.*, p. 438.

un processus d'emportement. Je ne sais pas où je vais dans le devenir. Le devenir est la création d'un flux qui parvient à précéder le "Je" comme sujet. Dans un devenir il n'y a plus de sujet et donc plus d'attachement aux normes proprement dites. La ruse est le soubassement de la catachrèse, elle implique un regard par en-dessous du sujet sur ses opérations de détachement ; il reste qu'à un moment infime de l'opération, cette ruse ne sait plus où elle en est. Ce qui se développe alors, pendant ce temps infime, c'est l'oubli de soi (passage à la limite de la catachrèse). L'oubli de soi est le moment même d'un devenir en lequel une individuation se prépare, se ramasse et sort des limites de la subjectivation et des multiples attachements aux normes.

L'homme ordinaire, parce qu'il fait l'expérience de ces passages à la limite de la catachrèse s'échappe pour un temps de l'homme normal qu'il continue de porter dans la catachrèse. Sa vie n'est plus tournée vers une forme d'adaptation magnifiée. Le sens d'une vie ne réside plus dans la capacité de se retrouver sujet des normes. Le sens d'une vie est ailleurs et cet ailleurs est inscrit dans la vie, dans ces moments d'éclipse de l'ego, où un devenir trouve à se mettre en place qui n'est pas nécessairement le moment crucial d'une catachrèse mais peut la traverser pour aller plus loin ou même s'en emparer pour la défaire, création intensive maximale où l'invention de normes n'est pas au service de normes existantes mais affaire d'activité pure, individuation non encore assujettie. Le devenir est, comme le dit si bien Deleuze à propos du désir, révolutionnaire parce qu'il est en rupture de ban par rapport à tout ce qui précède. Cette révolution peut être subjective ou collective, elle se révèle comme la vérité des devenirs, lorsqu'ils sont lâchés dans la nature, lorsqu'ils ne sont plus l'élément intensif de la catachrèse. La vie ordinaire est hantée par la révolution, le désir de changer de vie. Déjà l'enfant promet, avant de se coucher, qu'il sera différent le lendemain matin, que sa vie prendra une toute autre tournure. Plus tard les rêves de changement prennent d'autres formes : changer de travail, refaire sa vie avec une autre femme ou un autre homme, disparaître du jour au lendemain … Il y a quelque chose d'enfantin dans l'expression refaire sa vie, supposant que sa vie a déjà été défaite, qu'elle n'est plus une vie et pourtant cette enfance là est l'autre bord de l'enfance, la vie sauvage, réserve d'individuation. Il y a donc un devenir enfantin dans chaque vie qui est l'exact moment où l'assujettissement (en cours d'incorporation chez l'enfant) trouve sa contre-voix qui clame le désir de lutter contre la norme, le désir de fuir.

A l'interpellation par la norme répond une interpellation de la norme elle-même. L'interpellation par la norme produit du sujet. L'interpellation de la norme produit de l'individuation, elle est le fruit d'un devenir qui est une création intensive. Ces devenirs révolutionnaires sont souvent sans avenir. Deleuze disait que mai 68 avait révélé un devenir révolutionnaire sans avenir de révolution. Les devenirs, singuliers ou collectifs, ont du mal avec l'imposition de normes puisqu'ils sont en fuite. Surtout, ces fuites là sont des menaces pour les normes existantes. L'individuation est ainsi la limite de la subjectivation et c'est pourquoi la subjectivation se méfie de l'individuation. La vie ordinaire est alors le théâtre d'un conflit dont l'issue est déjà donnée, en raison du pôle central de l'assujettissement, mais qui n'en continue pas moins d'exister (c'est cela l'important !). Ce conflit entre la subjectivation et l'individuation, entre la catachrèse et le devenir est ce qui, justement, se développe dans la vie psychique du sujet et qui déborde en partie la logique de l'attachement aux normes. Car ce conflit n'est pas une guerre mais une tension propre à chaque existence. Il est l'une des formes sinon la forme majeure de la métastabilité de la vie psychique dont la disparation pousse vers de nouvelles individuations ou de nouvelles subjectivations. C'est un drame pour chaque vie de savoir quelle est la part des catachrèses et quelle est la part des devenirs. Toute vie est secrètement reliée à ces deux pôles et négocie avec eux. Une vie secrète, pour reprendre le titre d'un roman de Pascal Quignard, c'est toujours le rapport imprévisible qui se joue entre ces deux pôles et dont l'issue, si elle est réglée, à coup sûr par le pôle de l'attachement aux normes, n'en reste pas moins dépendante, pour une part à établir qui est justement toute la question, du contre-pôle nomade qui est, à proprement parler, moins un pôle qu'un flux non codé [1]. La vie ordinaire est ainsi toujours triomphe de l'homme normal mais avec persistance de l'homme nomade. La vie nomade est le négatif de la vie normale. L'issue du conflit est jouée mais le processus qui est en jeu dans le conflit n'en continue pas moins d'exister : soit parce que, comme je l'ai écrit, le devenir est le moment-limite de la catachrèse dans lequel la catachrèse court le risque de basculer dans son autre avant de se ressaisir ; soit parce que la catachrèse est très souvent l'issue du devenir, sa retombée la plus probable. La catachrèse est l'avenir le plus probable du devenir. Elle n'annule pas, pour autant, le devenir. En elle, le devenir continue toujours à travailler, à l'origine de nouvelles individuations qui sont autant de moments de crise dans lesquels le

1. Cf. Michael Hardt, Antonio Negri, *Empire*, *op. cit.*, p. 473-496.

sujet bascule et désire réorienter sa vie [1], d'expériences de l'incertitude où les devenirs n'ont pas encore trouvé leur voie, leur catachrèse pour assumer un développement dans l'avenir [2]. Ce chantier indécidable à l'avance, cette tension spécifique du fait des normes, entre les catachrèses et les devenirs, nous introduit au plus profond des vies ordinaires. Nul ne sait à l'avance ce que peut une vie ordinaire. Vie d'ordre, vie de développement de l'ordre, vie en désordre, il y a tout cela dans une vie, qui lui assure une véritable force impersonnelle, à la manière dont Deleuze a pu dire qu'« *une* vie est partout, dans les moments que traverse tel ou tel sujet vivant et que mesurent les objets vécus : vie immanente emportant les événements ou singularités qui ne font que s'actualiser dans les sujets et les objets » [3].

La créativité de la vie ordinaire n'est pas déjà jouée dans une quelconque dénonciation des postulats identitaires et aliénants d'une telle vie. Il reste que les vies ordinaires ont du mal avec leurs devenirs et leurs catachrèses. Il reste que ce mal là est lui-même un effet d'une trop grande violence des normes (de tout type) qui pèsent sur les existences au point de les soumettre à l'idée même d'un homme normal (norme des normes ou norme-étalon) dont elles se rendent alors malades à vouloir en réaliser les traits les plus saillants. La maladie de l'homme normal est produite par la violence des normes sur les catachrèses et les devenirs.

1. Cf. Alain Baubion-Broye (dir.), *Evénements de vie, transitions et construction de la personne*, *op. cit.*

2. Cf. Alexis le Blanc, Francis Laguerre, « Incertitudes temporelles et significations du travail chez les jeunes en situations de transition école-emploi : étude comparative », dans *Evénements de vie, transitions et constructions de la personne*, *op. cit.*, p. 133-158.

3. Gilles Deleuze, « L'immanence : une vie ... », *Philosophie*, n°47, Paris, Minuit, p. 5.

Le problème, qui ne le voit, devient ainsi fortement politique : comment redonner de la dignité aux vies ordinaires ? Comment faire pour que les vies ordinaires soient au plus près de leurs catachrèses et de leurs devenirs ? Comment faire enfin pour que la catachrèse ne soit pas la seule issue du devenir ? Ces questions sont politiques parce qu'elles reviennent à se demander quel est le sens même des inventions dans une société et en particulier à quelles conditions une invention collective a encore un sens aujourd'hui. Toutes ces réflexions supposent au préalable de remettre sur la table les deux questions suivantes : comment faire pour que les formes de vie ensemble, à commencer par le travail et la culture, ne soient pas des formes du mépris ? Comment échapper à une culture du mépris qui considère (considération d'en haut s'il en est) que les vies d'en bas sont des vies de rien que seul le rien des *sitcoms*, de la téléréalité ou de certaines formes de culture autoproclamées peut renvoyer pour un temps à leur inconsistance, à leur incohérence ? L'enjeu serait de rendre moins minoritaires les nouveaux lieux de création collective (théâtres, associations ...), les nouvelles pratiques qui émergent dans la société civile (de solidarité, de contestation, de citoyenneté de quartier) rendant possibles de nouvelles organisations de la vie ensemble. L'enjeu serait également d'inventer une nouvelle forme de culture suscitant les rencontres entre les créations des vies ordinaires et les créations des œuvres d'art. L'enjeu serait donc la générosité si l'on entend par générosité la possibilité cultivée de la rencontre. Comment être généreux ? Comment inventer la politique ? Deux éléments de réponse, peut-être, sont formulés par Castoriadis : tout faire pour que « la collectivité crée elles-mêmes ses normes et ses significations » ; tout faire également pour que l'individu crée dans des cadres formellement amples le sens de sa vie en fonction de ses propres créations. Mais ceci suppose, définitivement, de tourner le dos à l'homme normal, même si l'avoir dans le dos, c'est toujours une certaine manière d'être avec lui [1].

1. « Psychanalyse et politique », dans *Silence on souffre*, *Le passant ordnaire*, n°34, p. 32-35.

chapitre 12
les identités négatives

L'homme normal n'existe donc que par référence à un homme normatif qualifié par sa capacité à créer de nouvelles normes. « Si l'on peut parler d'homme normal (...), c'est parce qu'il existe des hommes normatifs, des hommes pour qui il est normal de faire craquer les normes et d'en instituer de nouvelles » [1]. Être normatif c'est être davantage que normal et il est vrai que cet excès par rapport à la normalité qui signe la possibilité même d'un style (catachrèses et devenirs) peut se retourner contre l'homme, le faire souffrir. C'est qu'il existe plusieurs types de souffrances et, partant, plusieurs maladies de l'homme normal. Il faut tout d'abord évoquer la souffrance sociale de l'homme soumis à la pression d'une norme, l'ensemble des normes par lesquelles un travail est prescrit, lequel ensemble ne se contente pas de produire la souffrance mais s'efforce de l'exploiter en utilisant au maximum les réactions de défense des individus à la souffrance [2]. Il suffit de se reporter à la façon dont sont orchestrées les rumeurs dans les entreprises qui licencient ou qui créent des conditions de travail plus précaires, en mettant fin aux plans formation ou en accélérant les flexibilités des postes de travail, pour

1. Georges Canguilhem, *Le normal et le pathologique*, *op. cit.*, p. 106.
2. Christophe Dejours, *Travail usure mentale*, *op. cit.*, chapitre V, « La souffrance exploitée ».

comprendre que la peur fait partie d'une stratégie imposée dans le travail. Travailler la peur au ventre, c'est créer des *habitus* de soumission dans le travail qui encouragent à baisser la tête un peu plus devant les règles de travail. La souffrance sociale est ainsi engendrée chaque fois que le style est empêché en raison même des normes sociales. Il faut ensuite évoquer la souffrance de l'homme soumis à la nécessité de se conformer à une norme de vie posée comme modèle social et existentiel. Il faut également parler de la souffrance existentielle de l'homme qui s'aventure dans sa propre vie et tente d'en renouveler les règles et bascule ainsi dans des devenirs insoupçonnés eu égard à une normalité posée comme modèle, au risque d'ailleurs que de tels devenirs compromettent la joie et le bonheur d'une existence créatrice de ses normes de vie.

Pour le dire autrement, il y a la maladie de l'homme normal produite par la centralité matérielle de la norme sociale (le plus souvent le travail) qui soutient son existence, il y a la maladie de l'homme normal qui se développe en raison des pressions qui s'exercent pour qu'il se conforme à un étalon de normalité transcendant ses différentes activités (suivre un modèle auquel il faut se conformer rend malade) et il y a enfin la maladie de l'homme normal qui souffre des micro-normes qu'il parvient à poser dans la vie ordinaire. Il existe ainsi différents seuils de souffrance (sociale comme mentale) correspondant soit à l'impossibilité d'une création suffisante dans sa propre vie, soit à la possibilité contraire de la création dans la vie ordinaire, donnant lieu à un style. Nos souffrances, très souvent, combinent ces différentes formes de souffrances et engendrent ainsi des identités en travail, incomplètes, désireuses d'une reconnaissance qui ne leur est pas toujours accordée, identités affirmées alors même qu'elles peuvent par ailleurs être infirmées, aboutissant non seulement à une crise des identités [1] mais aussi à un blocage des processus subjectifs et individuels que peut produire l'attribution, de l'extérieur, d'une identité négative.

De telles souffrances ne sont cependant pas les seules souffrances sociales ni même les souffrances sociales primordiales puisqu'elles laissent de côté la grande souffrance des individus hors-normes, soumis à la disqualification sociale, laquelle n'est cependant pas, ainsi que Paugam à la suite de Simmel l'a montré, la mise à l'écart de toute norme mais le résultat de la construction de certaines dispositifs sociaux qui « prennent en charge » la disqualification (l'assistance) et qui impliquent un statut de l'exclusion qui suppose une « carrière morale des assistés » qui va de la motivation à l'emploi jusqu'à l'absence de statut des marginaux, en passant par différentes stratégies de réinsertion [2]. Le disqualifié c'est l'homme assujetti aux seules normes qui produisent de l'identité négative. C'est dire que pour lui, la misère de condition (matérielle) et la misère de position (statut social référé à des hiérarchies, à des positions sociales spécifiques), distinguées soigneusement par Bourdieu, se rejoignent [3]. Une telle vie ne peut plus développer les moindres catachrèses puisqu'elle est sortie des normes qui en assurent le développement. L'extrême pauvreté est alors (et le scandale n'en est que renforcé) pauvreté en monde. Toutes les vies pauvres ne se réduisent pourtant pas à la vie imposée par l'extrême pauvreté. Une vie pauvre peut être assumée,

1. Claude Dubar, *La crise des identités*, Paris, P.U.F., 2000.

2. Serge Paugam, *La disqualification sociale*, Paris, P.U.F., 1991.

3. Sur la notion de souffrance sociale, lire Emmanuel Renault, « La souffrance sociale : concepts, usages sociaux, paradigmes », dans *Histoire et société ?* Revue européenne d'histoire sociale, n°4, 2002.

selon une mesure qui dépend du niveau de pauvreté, comme type d'individuation. Elle n'est pas la défaite de l'homme privé de travail ou de l'homme englouti par un travail qui le broie et lui concède en retour si peu d'argent. L'identité négative du pauvre peut être assumée comme forme d'un devenir. Sans aller jusqu'à la figure magnifiée par Saint François d'Assise du *poverello* italien [1], il est possible de retourner la pauvreté et d'en faire non pas un stigmate mais un devenir. Le pauvre est alors celui qui s'est retiré, contraint et forcé (mais pas seulement) du jeu de production. Un communisme de la pauvreté prend ici un nouveau sens, moins celui d'une appropriation des moyens de production que celui d'une expérience collective des processus de création [2] qui irait dans le sens d'une libre affirmation des devenirs [3]. Le chômeur qui ne choisit pas de revenir au monde du travail et préfère, pour un temps, pratiquer autrement, quitte à être aux bords mêmes de la vie sociale, dans une forme d'anonymat extrême qui peut apparaître aux yeux de certains comme une sorte de mort sociale, ne renonce pas pour autant au monde ou à sa vie. Seulement il expérimente d'autres polarités de vie, il produit un devenir pauvre qui n'est pas l'image intériorisée de la

1. Cf. Michael Hardt, Antonio Negri, *Empire*, *op. cit.*, p. 494-496.
2. Karl Marx, *Manuscrits de 1844*, Paris, GF-Flammarion, 1996 pour la traduction française. Le premier type de communisme est appelé « communisme grossier » par Marx (p. 143). Il lui oppose un communisme de « l'homme total » (p. 148) qui désigne une appropriation de la réalité humaine sous le libre développement de ses activités (p. 151). Cf. Franck Fischbach, *L'être et l'acte*, Paris, Vrin, 2002, chapitre V, « L'agir libéré. Marx », p. 155 : pour Marx, en effet, le communisme consiste dans la création matérielle de l'union des hommes, c'est-à-dire dans l'appropriation des forces productives. Cf. Franck Fischbach, *L'être et l'acte*, *op. cit.*, p. 156-163
3. Etienne Balibar, *La crainte des masses. Politique et philosophie avant et après Marx*, Paris, Galilée, 1997.

pauvreté comme stigmate mais qui est une individuation, un devenir qui inverse l'identité négative de la pauvreté comme stigmate, comme l'exemple de ceux qui décident de partir vivre à la campagne, sans travail, avec seulement le revenu minimum d'insertion. Il reste cependant que l'extrême pauvreté aboutit à une forme-sujet tellement précaire que les possibilités mêmes de création sont ainsi quasiment réduites à néant, créant un type de souffrance psychique spécifique [1].

Car les créations supposent, à l'instar des recréations, un pôle sujet déjà présent [2]. Il n'y a pas d'individuation, de création de devenirs sans une certaine attache dans les normes. Ou alors la création est retournée contre la personne même sous la forme d'une violence extrême [3]. Cette attache dans les normes ne suppose pas pour autant une résorption du soi dans l'attachement aux normes. Elle peut être modulée de plusieurs manières différentes jusque dans les positions où elle n'est presque plus, tout en étant encore, comme dans le cas du chômage, du revenu minimum d'insertion, d'interims ou de contrats à durée déterminée. Ces attachements minimaux aux règles de la vie sociale, subis ou choisis, qui relèvent d'une précarité de la vie sociale, offrent encore une latitude d'explorations créatrices possibles dans la mesure où un pôle sujet est toujours présent, présenté comme tel dans certains attachements précaires mais visibles. La tension qui s'exerce alors naît du jugement social

1. Cf. Patrick Declerck, *Les naufragés*, Paris, Plon, 2001.

2. Ce serait là une critique essentielle que je ferais au livre de Deleuze et Guattari, *L'anti-Œdipe*, de penser les devenirs sans référence à une forme sujet et de les rendre ainsi, sinon chimériques, du moins difficilement conceptualisables.

3. Dont atteste d'ailleurs la catégorie de schizophrénie utilisée pour penser ces créations par Deleuze et Guattari. Voir à ce propos le livre de Jean-Christophe Goddard, *Mysticisme et folie*, Paris, Desclée de Brouwer, 2002, p. 33-48.

qui attribue très largement une identité négative à ces expériences sociales, lesquelles peuvent appeler en retour des formes de devenirs inédits, des individuations surprenantes. L'identité négative est travaillée par ceux-là mêmes qui en font les frais et retournée en valeur de vie, en invention de normes. C'est cette possibilité de retournement d'une identité négative en individuation qui mine l'identité elle-même en se l'appropriant et en la retournant contre ceux qui l'affublent qui est l'un des enjeux politiques majeurs de notre aujourd'hui. Là réside peut-être l'invention de nouvelles formes de subjectivité, comme le préconisait Foucault ou une autre façon d'envisager la politique [1].

Ce travail critique sur les identités passe d'abord par une critique des souffrances sociales. Ces dernières peuvent être produites de plusieurs façons. Elles proviennent de la soumission d'une existence à un ensemble réduit de normes sociales. Elles trouvent également leur origine dans l'absence de soumission à la moindre norme (comme dans les souffrances extrêmes) si ce n'est que la seule norme qui définit de telles existences est soit une norme sociale d'inclusion de l'exclusion, soit une norme morale d'exclusion de l'exclusion (les vilains pauvres, les étrangers, les oisifs, les parasites), soit enfin une norme morale d'inclusion de l'exclusion qui tend à se confondre avec le sentiment de compassion (les pauvres comme ils sont pauvres). Elles sont également produites par la nécessité qu'éprouve l'homme en général de se soumettre en

1. Je pense à l'élaboration d'une politique *queer*. Voir David Halperin, « La politique *queer* de Michel Foucault », dans *Saint-Foucault*, Paris, EPEL, 2000, p. 31-137. Voir aussi Didier Eribon (dir.) *L'infréquentable Michel Foucault*, Paris, EPEL, 2001 ; *Queer : repenser les identités*, Rue Descartes, n°40, Paris, P.U.F., 2003.

permanence à des normes de vie posées comme des modèles sociaux qui qualifient les modalités corporelles et psychiques d'une existence(c'est ainsi que la femme est prise dans un filet de normes qui touchent ses seins, ses lèvres, ses rides ...). Elles sont enfin liées à des trajectoires de femmes et d'hommes qui expérimentent en leur propre vie, et souvent à leur corps défendant, le renouvellement des normes et s'engagent dans des déphasages créateurs qui peuvent se retourner contre eux. Ces quatre formes de souffrances sociales sont aussi des souffrances mentales. Comment s'en étonner puisque la vie mentale et la vie sociale ne sont pas dans un rapport d'opposition mais au contraire apparaissent comme impliquées l'une dans l'autre, définies en partie l'une par l'autre [1] ? La vie psychique est requalifiée par l'ensemble des pouvoirs, règles et lois de la vie sociale. Le redoublement de cet ensemble en pôle mental a pour conséquence qu'une certaine centralité dans la vie psychique est désormais posée. Le langage lui-même appartient à un tel pôle dans la mesure où il assure à la centralité sa cohésion profonde, symbolique alors qu'il n'est lui-même qu'un ensemble de règles. La vie mentale est alors placée en situation dialectique par rapport au pôle des normes. Ou bien elle parvient, ou bien elle ne parvient pas à se développer à l'intérieur même des normes qui la constituent en sujet. En s'appuyant sur les analyses du chapitre précédent, il faut rappeler que la vie mentale ne peut se développer lorsqu'elle se fond totalement au pôle des normes, en quel cas il n'y a plus de

1. Cf. Cornélius Castoriadis, *L'instiution imaginaire de la société*, Paris, Seuil, 1975 : « L'institution de la société, qui est indissociablement aussi institution de l'individu social, est imposition à la psyché d'une organisation qui lui est essentiellement hétérogène mais elle aussi, à son tour, « s'étaye » sur l'être de la psyché et doit, inéliminablement, le prendre en compte ».

sujet mental qu'à proportion du sujet normal qui s'est amalgamé tous les possibles de la vie psychique ; elle ne peut se développer non plus lorsqu'elle se situe exclusivement dans un rapport d'opposition aux normes : cette opposition est d'ailleurs chimérique, et comme telle, n'est rien d'autre qu'un possible impossible de la vie psychique, puisqu'il n'y a aucun sens à organiser une vie mentale en dehors des normes qui en règlent en partie le cours. La vie ordinaire, en raison de la vie mentale, est une vie par les normes. Seulement le pôle mental des normes est lui-même dans un rapport dialectique avec l'ensemble des normes sociales dans la mesure où ce pôle n'est pas la norme prise en elle-même mais la norme attachée à un sujet, ainsi renégociée par ce sujet, avec en particulier tous ses possibles psychiques. Certes la vie psychique s'organise en sujet d'une vie mentale dès lors que l'ensemble des pouvoirs, lois et normes, auquel s'est attachée une personne pour persévérer dans son être, a été constitué en pôle mental. Mais pour que ce pôle mental puisse vivre lui-même, il faut qu'il puisse s'amalgamer à l'ensemble des possibles psychiques d'un individu, pénétrer ses désirs, ses rêves, ses affects, ses idées, ses impressions. La vie psychique du sujet n'est pas seulement le sujet, elle le précède et le déborde en partie.

La norme devient une forme de la vie mentale. Elle n'est plus seulement cette extériorité incorporée telle quelle. Elle n'existe qu'en se métamorphosant en réserve inépuisable d'imaginaire, d'affectivité, de préconceptions, d'impressivité. Cette vie mentale de la norme se situe en déphasage par rapport aux normes sociales. Il existe ainsi une double dissymétrie à l'origine de tensions dialectiques spécifiques, entre la vie mentale et l'existence d'un pôle mental des normes d'une part, entre le pôle mental des normes et l'existence sociale des normes d'autre part, qui fonctionnent comme sa référence. Ces dissymétries sont à l'origine des différentes souffrances sociales de la vie ordinaire. La perception même de la souffrance qui suppose que l'attachement d'un sujet à ses formes de vie est incomplet ou relève de types de violence qui en dénaturent le sens fait fond sur ces différents types de dissymétrie. Il faut, naturellement, maintenir que la souffrance sociale (puisque ce concept a un sens) est bien produite objectivement par des types de misères, de condition ou de position, de condition et de position, qui sont des effets des structures sociales[1]. Mais ces souffrances sociales ne sont telles que parce qu'elles sont également des souffrances mentales qui nécessitent de prendre en compte les vies psychiques des sujets dans le double registre de l'attachement aux normes et des devenirs psychiques possibles et les vies ordinaires dans le débat singulier des catachrèses, des devenirs et des normes. Seule une vue ample de la souffrance sociale (sociologique, psychologique, psycho-sociale, psychanalytique ...) a donc un sens. C'est elle qui peut organiser une critique des types d'identité affectés dans la souffrance.

C'est que les identités ne sont pas seulement négatives par défaut, effets d'une violence sociale directe par laquelle une société stigmatise ceux qu'elle "intègre" dans ses groupes comme ses étrangers, nécessaires à la vie des groupes et en même temps toujours au-dehors, les laissant sur les bords de la vie sociale[2]. Les identités ne sont pas seulement négatives

1. Voir Axel Honneth, « Reconnaissance et justice », dans *Transmettre*, Le Passant Ordinaire, n°38, p. 38. Voir également *Das Andere der Gerechtigkeit*, Frankfurt, Suhrkamp, 2000, « Pathologien des Sozialen », p. 54-69.

2. Cf. Georg Simmel, « L'étranger », art. cit.

par le fait que certaines populations font l'objet de dénis de reconnaissance, partiels ou totaux, qui supposent des jugements de normalité largement admis, la construction inconsciente d'un homme typique qu'une société ne cesse de formuler comme sa référence improbable, des rapports sociaux d'inégalité qui sont le fonds de commerce de ces jugements. Les identités sont également négatives dans le sens d'un parcours mental des sujets qui, de fait, redouble le parcours social mais ne se confond pas pour autant avec lui. Car cela ne revient pas au même de souffrir par absence de toute considération de la part des acteurs qui ont la maîtrise des règles sociales, avec la seule perspective d'une « carrière » négative dans les normes d'assistance, de souffrir par centralité des normes de travail ou de souffrir du fait que l'on s'est conformé à des normes de vie posées comme modèles ou au contraire considérablement éloigné d'elles. Chacune de ces souffrances est spécifique et en même temps globale quant à la signification même qu'elle a dans la vie d'un sujet. Par elles se construisent, hantant les vies mentales des sujets, des identités négatives qui sont, d'une certaine façon, la synthèse dialectique des différentes dissymétries.

Il est grand temps que la politique en revienne aux identités négatives et comprenne la nécessité vitale et sociale d'un travail clinique d'aide aux souffrances. Ceci ne peut se faire qu'à la condition de s'attaquer aux différentes formes de souffrances qu'une société engendre dans la vie sociale, mentale et ordinaire des sujets. Car la politique doit être une clinique, une aide cohérente et rigoureuse produite par un tiers lorsque le un dans l'autre, le un avec l'autre, le un contre l'autre, le un avec lui-même font problème. Ceci ne relève pas d'une vision médicale de la politique. La politique n'est pas une médecine, elle n'est même pas la médecine des pauvres. Elle est une entreprise collective destinée à rapprocher chaque jour davantage les vies ordinaires d'elles-mêmes. Elle doit s'aider pour cela des formulations identitaires négatives qui ne cessent de travailler le social. Ceci suppose, tant sur le plan psychosocial que sur le plan sociologique, une compréhension large des actions sociales qui font émerger au premier plan des valeurs subjectives et individuelles sans lesquelles elles n'ont guère de sens. La fragilité des postures subjectives et individuelles dans les activités rendrait alors nécessaire une politique de l'identité. C'est bien parce que de l'activité se casse dans l'action sociale, c'est bien parce que des subjectivités ne parviennent à se formuler autrement que sur le mode négatif dans l'action sociale qu'une politique de l'identité, véritable clinique, est nécessaire. C'est bien parce que de la subjectivité peut être amenée à se définir dans les logiques de l'action sociale comme identité purement négative qu'une politique de l'identité doit voir le jour, attentive aux souffrances qui interdisent l'affirmation d'une identité, voir le renouvellement identitaire, en fixant le jeu subjectif sur une identité désignée comme stigmate.

Que veut-on dire lorsque l'on parle d'une souffrance sociale qui tient à la fragilité des postures subjectives dans les activités en tant qu'elles s'inscrivent dans des logiques sociales d'action ? Tout d'abord, en reprenant les travaux d'Yves Clot déjà mentionnés, il faut maintenir que l'activité dirigée au travers de l'objet de la tâche vers les autres, par un sujet, n'est pas le tout de l'activité réelle, mais seulement l'activité réalisée [1]. Ce qui implique, on l'a vu, que des possibles subjectifs

1. *La fonction psychologique du travail*, *op. cit.*, p. 98.

continuent de hanter l'action d'un sujet sans pouvoir être réalisés par ailleurs. Le réel de l'activité, dans la mesure où il déborde l'activité réalisée, suppose du jeu, un blanc dans les rapports, par exemple, d'un individu travaillant à son travail. Il n'y a pas d'ajustement de la subjectivité industrieuse à la tâche à accomplir mais débordement d'une subjectivité plus vaste qui se ressaisit tout autant par ce qu'elle parvient à faire d'elle-même dans le travail que par ce qu'elle ne parvient pas à faire. La souffrance au travail (révélée dans l'insatisfaction, le regret ...) est alors un effet de la différence entre les activités réelles d'un sujet et ses activités réalisées. Une seconde forme de souffrance est produite, toujours pour rester dans le domaine du travail par le travail lui-même. Il suffit de penser à la longue évocation des pathologies du travail et à l'histoire même de la psychopathologie du travail [1]. Il suffit de se rappeler combien les analyses de Le Guillant sur la névrose des téléphonistes et des mécanographes ou sur les pathologies de la bonne à tout faire [2], combien les analyses de Sivadon sur les névroses de travail à partir de ses expertises pour la Sécurité sociale [3], combien les analyses de Claude Veil sur le retour au travail [4], soulignent, dans des registres différents, la production de pathologies par les rythmes de travail et l'adaptation de l'homme qui en résulte. Il suffit également de réfléchir sur les souffrances mentales, toujours dans le travail,

1. Voir sur ce point Isabelle Billiard, *Santé mentale et travail. L'émergence de la psychopathologie du travail*, Paris, La Dispute, 2001.

2. Louis le Guillant, *Quelle psychiatrie pour notre temps*, *op. cit.*

3. P. Sivadon, « Psychopathologie du travail », *L'Evolution psychiatrique*, n°3, 1952, p. 441-474.

4. Claude Veil, « Phénoménologie du travail », *L'Evolution psychiatrique*, n°4, 1957, p. 693-719.

produites par l'épuisement des stratégies défensives telles qu'elles sont analysées par Dejours pour comprendre combien c'est l'organisation même du travail qui, aujourd'hui, crée les conditions d'une pathologie généralisée en puisant dans le système psychique de défense d'un sujet pour accroître encore un peu plus sa productivité [1].

Encore ces souffrances ne sont-elles pas toutes des souffrances du travail. C'est l'ensemble de la vie sociale qui est en souffrance. C'est ainsi qu'une autre forme de souffrance pourrait être envisagée comme effet d'un conflit d'identités. L'immigré, par exemple, est assigné à une identité négative (l'étranger) alors même que sa vie se joue entre deux identités non disponibles, l'identité de provenance (la famille, le village, le pays, la langue) et l'identité de destination (le pays d'accueil). Abdelmalek Sayad a montré comment l'immigré était tout autant un sortant qu'un entrant, en fonction d'une trajectoire qui le situe nulle part, d'aucun lieu, en fait un être *atopos*, sans lieu dans l'espace social et dans les classements sociaux, enclin à la souffrance et à la maladie [2]. On pourrait

1. Christophe Dejours, *Travail usure mentale*, *op. cit.*, p. 63. « Dans un travail rigidement organisé même s'il n'est pas trop divisé, émietté, aucune adaptation du travail à la personnalité n'est possible. Les frustrations résultant d'un contenu significatif inadéquat aux potentialités et aux besoins de lapersonnalité peuvent être une source d'efforts importants d'adaptation ... La souffrance commence quand le rapport homme-organisation du travail est bloqué, lorsque le travailleur a utilisé au maximum ses facultés intellectuelles, psycho-sensori-motrices, psycho-affectives d'apprentissage et d'adaptation. Quand un travailleur a utilisé tout ce dont il disposait de savoir et de pouvoir sur l'organisation du travail et quand il ne peut plus changer de tâche : c'est-à-dire quand ont été épuisés les moyens de défense contre la contrainte physique. Ce n'est pas tant l'importance des contraintes mentales ou psychiques du travail qui font apparaître la souffrance que l'impossibilité de toute évolution vers son allègement. La certitude que le niveau atteint d'insatisfaction ne peut plus diminuer marque l'entrée dans la souffrance ».

2. *La double absence*, *op. cit.*, p. 12 pour la préface de Pierre Bourdieu. Lire en particulier le chapitre IX, « La maladie, la souffrance et le corps ». Lire également « Les femmes dans

multiplier les exemples de personnes dont l'identité se reconstruit, au sein même des activités subjectives, comme identité négative. Car l'identité négative c'est toujours le retour de l'identité dans l'activité par l'effet des souffrances produites par les logiques sociales ou les positions sociales dans les activités. Si l'activité tend à faire éclater toute identité personnelle et surplombante définitive, attentive à la multiplicité des positionnements subjectifs, par un effet de retour des logiques sociales sur les activités, de l'identité se recrée de manière pathologique comme un arrêt dans le développement subjectif, une impossiblité d'envisager le renouvellement des actions à partir des souffrances produites par les logiques sociales. L'identité négative ce n'est alors rien d'autre que le blocage de soi sur une définition de soi produite par les autres, englobant non seulement mes manières d'être mais encore le mal social à l'origine de mes souffrances. C'est ainsi que l'identité négative de l'étranger ou de l'immigré, non seulement fixe une définition de soi produite par les autres (ce que Goffmann nommerait l'identité virtuelle), mais en plus inclut dans cette définition cela même qui est à l'origine de la souffrance de la personne (le fait d'être de nulle part ...). Cette première attribution d'une identité négative n'est qu'une étape dans un processus plus complexe d'acceptation, pour une part, par un sujet de l'identité produite par la souffrance de l'inscription des activités dans les logiques sociales, par le fait même que cette acceptation signifie l'attachement à un pôle des normes, négatif certes, mais toujours constituant. Il n'est pas absurde, sous certaines conditions, de découvrir qu'une personne fait

l'ombre du jour », *Histoires d'une famille, entre l'Algérie et la France*, de Noria Boukhobza, L'Hydre, 2002. Se reporter en particulier au chapitre IV, « Femmes d'ici et de là-bas ».

sienne le stigmate qui la distingue des autres au point de la faire souffrir, s'approprie l'identité négative que lui fournit le heurt imposé par les logiques sociales sur les activités [1].

Peut-être serait-il alors possible de comprendre, à partir du thème de l'identité négative tel qu'il a pu être réfléchi chez des auteurs comme Castel ou Paugam, le motif réel des luttes identitaires. Après tout, n'est-ce pas selon la perception de cet intolérable-là [2] qu'une lutte doit être menée qui prend la forme d'une reconnaissance des identités négatives. Les mouvements sociaux des chômeurs, des immigrés, de certains milieux socioprofessionnels (je pense aux infirmières), des homosexuels, des féministes, *etc.* ne sont pas autre chose qu'une manière historique et réfléchie de porter au jour les contradictions d'une identité à la fois stigmate d'un soi et signe de soi, négative et cependant incorporée, soit que cette identité est revendiquée parce qu'elle est niée par autrui (les homosexuels), soit que cette identité négative ferme la porte à la multiplicité des processus de soi qui ne relèvent pas d'un tel stigmate (le chômage, l'immigration mais aussi une certaine conception de l'homosexualité). N'est-ce pas là le sens d'un entretien important de Michel Foucault [3], dans lequel il distingue entre deux types d'identité homosexuelle dont seule la seconde doit être l'objet de luttes, d'une politique ; une identité homosexuelle qui serait la loi même de l'existence ;

1. Il serait possible de lire *Les bonnes* de Genet de cette façon. Le stigmate identitaire qui définit socialement la bonne comme celle qui est toujours chez les autres, comme bonne à tout faire, est l'objet d'une véritable appropriation identitaire par Claire et Solange qui retournent à la face de la société l'identité que celle-ci leur a donnée.

2. Michel Foucault, « Je perçois l'intolérable », dans *Dits et Ecrits*, Paris, Gallimard, 1994, t. II., p. 203.

3. « Michel Foucault, une interview : sexe, pouvoir et la politique de l'identité », dans *Dits et Ecrits*, *op. cit.*, t. IV, p. 735-752.

une identité homosexuelle qui n'est qu'un procédé mis en avant pour créer de nouvelles manières d'être et qui peut être l'objet de luttes politiques. Pourquoi cette seconde manière de penser l'identité est-elle importante ? C'est que précisément une telle identité n'a rien d'identitaire. Sa valeur est proprement stratégique : servir de point de référence à des manières d'être qui sont l'objet réel des luttes, servir de point de référence à des « expérimentations politiques »[1].

Paradoxalement les identités ont une valeur lorsque la valeur qui les définit est au départ négative[2] (c'est le « sale homo » qu'il faut entendre ici à nos oreilles). Car des identités d'abord négatives peuvent servir doublement dans les luttes politiques. Elles peuvent servir en tant qu'elles sont des armes stratégiques à partir desquelles l'expérimentation politique de nouvelles manières de penser, de se représenter, de vivre est rendue possible (c'est en quelque sorte la leçon de Foucault). Elles peuvent servir également, dans un registre voisin, comme point de départ d'une élucidation de la souffrance sociale, non qu'il s'agisse d'enfermer l'individu dans une telle identité négative mais qu'il s'agisse bien plutôt de réenvisager un avenir pour des gens privés d'avenirs, perdus en leur souffrance et qui voient s'éloigner le registre des catachrèses et des devenirs. Sur ces deux versants, la politique est toute entière

1. « Michel Foucault, une interview : sexe, pouvoir et la politique de l'identité », dans *Dits et Ecrits*, *op. cit.*, t. IV, p. 746.

2. Hugues Lagrange remarque, de manière judicieuse, que le développement moderne de la notion d'identité a donné naissance à une politique de la différence qui reconnaît la singularité d'une identité qui est alors à la fois « ce qui nous singularise » et « ce qui nous associe à un ensemble… partiel ». Cf. « Reconnaissance, délinquance et violences collectives », *Esprit*, octobre 2000, p. 151. Une politique des identités irait alors de l'universel au singulier alors qu'une politique des identités négatives s'efforcerait de rejoindre l'universel à partir d'une singularité questionnée comme telle.

redéfinie du côté d'une clinique des identités négatives, comme soutien aux vies ordinaires et aux courants d'air qui les traversent. Ceci suppose qu'elle soit moins du côté de la discipline qui fabrique l'homme normal que du côté des hommes ordinaires qui souffrent dans le cortège anonyme et infini des disciplines.

conclusion
vers un nouvel homme sans qualités

Naturellement, on peut objecter à ce livre, et ce serait assurément l'objection la plus terrible, qu'il a été écrit du point de vue de l'homme normal qu'il prétend dénoncer. Quoi de plus simple dès lors que de détruire la figure de l'homme-normal quand on est soi-même du côté de la normalité ? A quoi il faudra répondre que ce livre, par honnêteté et par vérité, ne s'est jamais placé du côté des souffrances sans issues, des pathologies sévères. Il ne s'est donc absolument pas agi d'une apologie de l'anormalité ou de la pathologie, ce qui n'aurait aucun sens puisque ce serait simplement inverser le problème et en aucun cas annuler les conditions de sa formulation. Ce livre s'est simplement voulu une exploration de la catégorie d'homme normal et s'il a été écrit par un homme normal (ce qui est à voir), c'est alors que la normalité est porteuse d'une souffrance qui la retourne en désir d'en sortir et dont il faut rendre compte. Ce livre n'a rien voulu faire d'autre que de dresser l'histoire qui va de la normalité à la souffrance qu'elle reconduit nécessairement jusque dans les identités négatives qui sont l'ombre crépusculaire de la normalité, son revers diabolique. Ce livre n'a pas été écrit du point de vue de la maladie mais du point de vue d'une maladie de la normalité qui est, décidément, le propre de l'homme normal. La normalité est riche d'un négatif qui la hante, qu'elle voudrait évacuer et qui est la promesse de devenirs nouveaux, incertains et sauvages qui sont comme autant de lignes de vie.

Musil caractérise l'homme sans qualités comme étant doué d'un sens des possibles. Ce sens des possibles résulte d'un pouvoir de l'imagination qui caractérise une faculté de penser attentive tout aussi bien à ce qui pourrait être qu'à ce qui est[1]. Il n'est pas rare qu'une telle disposition créatrice soit réprimée, en vue d'un plus grand sens de la réalité. « Ces hommes du possible vivent, comme on dit ici, dans une trame plus fine, trame de fumées, d'imaginations, de rêveries et de subjonctifs ; quand on découvre des tendances de ce genre chez un enfant, on s'empresse de les lui faire passer, on lui dit que ces gens sont des rêveurs, des extravagants, des faibles »[2]. Pour Musil, l'homme sans qualités est un « homme non-pratique », ne pouvant être décrit selon une caractéristique sociale, enfermé dans ses imaginations maladives qui l'exposent aux chimères, au spleen. L'homme sans qualités est dépourvu de tout sens du réel. « Comme la possession de qualités présuppose qu'on éprouve une certaine joie à les savoir réelles, on entrevoit dès lors comment quelqu'un qui, fût-ce par rapport à lui-même, ne se targue d'aucun sens du réel, peut s'apparaître un jour, à l'improviste, en Homme sans qualités »[3].

Peut-être est-il temps d'en appeler à un nouvel homme sans qualités, pour qui la vie psychique, en régime créateur, n'est pas un obstacle au sens du réel mais la condition d'approfondissement d'une réalité réinventée par des pratiques de l'ordinaire qui sont comme autant de contaminations du réel par le possible. A l'appellation d'homme normal, j'oppose les mille et une créations de la vie ordinaire.

1. Robert Musil, *L'homme sans qualités*, Paris, Seuil, 1956 pour la traduction française, p. 17.
2. *Ibid.*, p. 18.
3. *Ibid.*, p. 20.

postface

l'ordinaire de la philosophie

une demande d'orientation

Où en suis-je avec la philosophie ? Cette demande d'orientation est assurément une demande terrifiante. C'est qu'une telle question ne cesse d'être reformulée de travail en travail, de conduire vers de nouvelles résolutions et n'est ainsi absolument pas susceptible d'une réponse unique. Il y a pire. Tout se passe comme si la pratique philosophique avançait d'elle-même, mue par sa propre nécessité, par l'accueil également qui lui est réservé et par les formes changeantes des circonstances, indépendamment de la question elle-même, qui est alors tenue à distance. Peut-être est-il tout simplement impossible de travailler d'après ce genre de questions. Imagine-t-on d'ailleurs un programme philosophique qui pourrait valoir comme un état des lieux du travail, avant même son déploiement fait de surprises et de détours, de régressions et de brusques écarts ? Autant décréter que la seule valeur d'une maison tient aux plans de l'architecte, en dehors de la vie même de ses habitants, des objets nouveaux qu'ils apportent, de leur transformation singulière de l'espace. Ainsi, la question, *où en suis-je avec la philosophie*, est-elle forcément une question incongrue, que l'on ne peut se poser que dans une forme de rêverie de surcroît, lorsque les possibles du travail philosophique ont été épuisés, ou du moins suffisamment parcourus pour déclencher le filet réflexif de l'après-coup.

Pour autant, il ne faudrait pas trop rapidement se hâter d'en discriminer la pertinence, sous prétexte que seul ce qui est au travail parvient à une forme de lumière dont le type de question ici posée dans sa généralité la plus trempée nous détournerait irrémédiablement. C'est que cette question, pour naïve qu'elle soit, se donne comme une question de cour de récréation, lorsque deux enfants s'interrompent dans leur activité ludique et que l'un d'eux demande à l'autre, *et toi tu en es où dans ton travail ?* Naturellement, pour qui aurait cherché à l'oublier ou à le dissimuler, cette interrogation brutale et confondante sonne comme un rappel à l'ordre, une exigence à honorer. Celui qui aurait rêvé d'être enveloppé par la parole plutôt que de devoir la prendre[1] est alors contraint à revenir sur son travail et à l'envisager sous la forme, sinon d'un itinéraire avec carte et boussole, du moins d'un parcours supposant des routes, des bifurcations, de nouvelles orientations. Pourtant, cet arrêt dans son propre cheminement, que suppose la question où en suis-je avec la philosophie, a sa pertinence car il situe toute entreprise qui prend la philosophie comme objet d'investigation à la jonction du biographique et du philosophique. Il fait apparaître, en outre, une demande d'orientation qui, certes, ne doit pas dégénérer en conseil d'orientation, mais qui est elle-même dépendante de la naïveté du regard extérieur d'un spectateur impartial mais bienveillant qui nous demanderait, non sans une certaine malice, de nous expliquer sur ce que nous faisons. Il faut alors entendre la question, *où en suis-je avec la philosophie*, comme

1. Cf. Michel Foucault, *L'ordre du discours*, Paris, Gallimard, 1971, p. 7.

une question adressée par autrui et qui pourrait prendre la forme interrogative suivante, *où en êtes-vous avec la philosophie ?*

Cette question est alors à entendre en un sens très ordinaire. Elle peut être traduite de façon plus triviale encore : *c'est quoi votre problème avec la philosophie ?* On voit alors que la question ne met pas seulement en cause celui qui cherche à philosopher et qui, dans un premier temps, est conduit à se justifier sous la forme d'un constat réitéré : *oui, je t'assure que je fais bien de la philosophie.* Elle met également en cause le domaine du philosophique, ce sur quoi porte la philosophie. Avoir un problème avec la philosophie, c'est se débattre, au risque de s'y perdre, dans les problèmes posés par la philosophie mais c'est aussi constituer la philosophie en une série de problèmes. Les deux opérations sont d'ailleurs liées. Je ne peux poser un problème à la philosophie qu'en fonction des problèmes que me pose la philosophie. Le risque n'est-il pas alors de s'enfermer trop rapidement dans le cercle du biographique et du philosophique, par l'effet de clôture que ne peut manquer de produire leur co-constitution ? L'ordinaire de la question, fort heureusement, revient comme une exhortation venue d'ailleurs, formulée par un autre que soi.

Il existe donc deux questions, *où en suis-je avec la philosophie ?* et *où en es-tu avec la philosophie ?* qui ne se confondent pas totalement dans la mesure où la première suppose une interrogation touchant les rapports du biographique et du philosophique alors que la seconde fait surgir le truchement de situations ordinaires, dans lesquelles est pris celui qui philosophe, et qui le contraignent, soit à s'arrêter de philosopher, soit à philosopher autrement. Naturellement, ces questions forment une seule scène qui est celle-là même sur laquelle nous nous trouvons aujourd'hui. Le théâtre qui en est à l'origine est à la vie. Aussi n'y a-t-il pas, entre la philosophie et la vie, opposition mais approfondissement, création d'une philosophie mixte qui d'emblée considère avec méfiance toute volonté de purifier la philosophie de ses éléments vitaux qui, de l'intérieur de la pratique philosophique dégagée de toute contingence, soustraite aux conjonctures, ne peuvent manquer de former un peuple de barbares, assiégeant la citadelle de la pensée pure, prêts à prendre les armes et à imposer la défaite de la pensée. Le théâtre philosophique ne doit pas offrir de spectacle pour ses seuls initiés, ce qui ne pourrait manquer de produire ces fous-rires qui mêlent la moquerie à l'indifférence et à la colère. Il dessine plutôt le portrait du philosophe en homme ordinaire et révèle ainsi la scène de la philosophie qui consiste précisément dans la jonction du philosophique et du biographique. Les histoires de la philosophie sont alors intimement liées à la vie ordinaire.

Peut-être faut-il voir, dans l'appel à cette forme philosophique, la reprise permanente, sous des modalités chaque fois différentes et renouvelées, d'un scepticisme qui fait corps avec la philosophie et qui la reconduit, jusque dans ses opérations les plus complexes et les plus systématisées, du côté de ses procédures les plus modestes, le dialogue, la lettre, le fragment, l'essai. La prise de parole de la philosophie est une prise de parole précaire qui n'est ni assurée de conquérir sa légitimité dans l'exercice procédural d'un style que la littérature peut, en revanche, déployer, ni convaincue d'un accès à la vérité que la science, dans la multiplicité de ses savoirs, produit réellement. C'est pourquoi, dès que le philosophe parle, il est reconduit à la frontière de la vie ordinaire, porté par sa propre histoire et par l'histoire des autres. Les exemples abondent, dans le texte philosophique, de cette frontière de l'ordinaire que la philosophie approcherait dans certaines de ces formulations. Hume ne confesse-t-il pas jouer au tric-trac et voir ses amis lorsque l'activité intellectuelle le fait tomber dans le doute ? Descartes lui-même, auquel Hume se rapporte dans une sorte de pastiche interne dont l'histoire de la philosophie a le secret, n'avoue-t-il pas que le « train de [sa] vie ordinaire » le reprend insensiblement et l'éloigne des acquis de la méditation[1] ? Sans doute la philosophie moderne n'a-t-elle cessé de creuser ce cours ordinaire et d'amplifier ainsi la posture sceptique qu'elle situait de prime abord dans ses marges, et qui tendait à réduire la discursivité philosophique à la course vagabonde de l'ordinaire. Montaigne a porté cette tendance sceptique à l'extrême lorsqu'il affirme : « Je dis plus, que notre sagesse, mesure et consultation, suit pour la plus part la conduite du hasard. Ma volonté et mon discours se remuent tantost d'un air, tantost d'un autre, et il y a plusieurs de ces mouvements qui se gouvernent sans moy : ma raison a des impulsions journalières et casuelles »[2].

Pour autant, la philosophie rechigne à se présenter sur cette scène de l'ordinaire. Elle lui préfère le discours des essences, des pures idéalités, le théâtre éternel de sa production, soumise à la seule nécessité de l'enchaînement pur de ses concepts que Deleuze lui-même a pu présenter, sous une forme mythologique, dans une nouvelle essentialisation de la philosophie, lorsque, plaidant pour le temps de la philosophie

1. *Méditations métaphysiques*, 1re méditation, *Œuvres philosophiques*, t. IX-1, Paris, Vrin, 1982, p. 18.

2. Michel de Montaigne, *Essais*, III, 8, « De l'art de conférer », Paris, P.U.F., 1992, p. 934.

plutôt que pour l'histoire de la philosophie [1], il évoque un ordre stratigraphique de la philosophie qu'il définit de la façon suivante : « Le temps de la philosophie est un temps grandiose de coexistence, qui n'exclut pas l'avant et l'après, mais les superpose dans un ordre stratigraphique. C'est un devenir infini de la philosophie, qui recoupe mais ne se confond pas avec son histoire. La vie des philosophes, et le mouvement extérieur de leur œuvre, obéit à des lois de succession ordinaire, mais leurs noms propres coexistent et brillent, soit comme des points lumineux qui nous font repasser par les composantes d'un concept, soit comme les points cardinaux d'une couche ou d'un feuillet qui ne cessent pas de revenir jusqu'à nous, comme des étoiles mortes dont la lumière est plus vive que jamais. La philosophie est devenir, non pas histoire, elle est coexistence de plans, non pas succession de systèmes »[2]. Dans ce passage, Deleuze produit une distinction significative entre le nom propre du philosophe et le nom commun. Le nom commun se perd dans la vie ordinaire du philosophe alors que le nom propre ramène la philosophie dans la coexistence synchronique des plans de pensée produits par chaque philosophe. Le nom propre se confond avec la création des concepts impliqués par chaque plan de pensée alors que le nom commun est désespérément englué dans l'ordinaire. Le rejet de l'ordinaire, au profit du grandiose, dont fait état le texte, se situe ainsi à l'extrême opposé du vagabondage de Montaigne. Il est alors tentant d'opposer à la grandeur vertigineuse du dernier *opus* de Deleuze, « L'immanence : une vie… », qui rejoue le drame philosophique sur le terrain d'une

1. Gilles Deleuze, « H comme histoire de la philosophie », *L'abécédaire de Gilles Deleuze*, Vidéo Éditions Montparnasse, 1996.
2. Gilles Deleuze, *Qu'est-ce que la philosophie ?*, Paris, Minuit, 1991, p. 58-59.

métaphysique du devenir qui succède, dans l'esprit bergsonien, à une philosophie intemporelle, la modestie souvent peu désirable des différentes formes d'immanence à la vie ordinaire, que le philosophe professionnel, en raison de sa formation et de son rapport particulier à l'institution, est enclin à considérer trop rapidement comme l'ensemble des illusions produites par les urgences du monde ordinaire et dont il faudrait précisément se libérer pour philosopher. Il va sans dire que cette mise entre parenthèses des expériences ordinaires est renforcée par la disposition scolastique de la philosophie, dont Pierre Bourdieu a pu montrer, dans cet étrange exercice de philosophie négative qu'est la sociologie[1], qu'elle était liée à l'institutionnalisation de la philosophie dans l'appareil universitaire, sous la forme d'une entrée spécifique dans le jeu de la réflexion qui suppose de se placer dans une forme d'« apesanteur sociale » grâce à laquelle l'activité philosophique peut « prendre au sérieux des enjeux ludiques, s'occuper sérieusement des questions qu'ignorent les gens sérieux, simplement occupés et préoccupés par les affaires pratiques de l'existence ordinaire »[2].

On voit ainsi que la question, *qu'est-ce que pour moi la philosophie ?* si elle est inséparable de la question voisine, *qu'est-ce que pour vous la philosophie ?* suppose une orientation dans la pensée à partir du problème de l'ordinaire. L'ordinaire, en l'occurrence, n'est pas une évidence première qui aurait été oubliée par le développement de la philosophie et à laquelle il faudrait revenir. Il se caractérise au contraire par son inquiétante étrangeté, c'est-à-dire par la persistance et l'opacité de

1. Pierre Bourdieu, *Méditations pascaliennes*, Paris, Seuil, 1997, p. 15.

2. *Ibid.*, p. 25.

problèmes, considérés trop rapidement de l'intérieur d'une pratique philosophique pure comme barbares, formulés dans un savoir indigène[1]. L'ordinaire peut alors être décliné comme l'ensemble des particularités biographiques qui soumettent le philosophe à la nécessité de trouver un accord entre le "Je" qui relie toutes ces expériences au même fil d'une vie singulière et le "Nous" que le "Je" philosophe vise, quand il produit une signification dont la valeur d'universalité se soustrait au "Je" et, plus encore, produit un accord possible entre le "Je" et le "Nous". L'ordinaire est ainsi ce qui couvre la distance de la vie ordinaire d'un "Je" philosophant à l'ensemble des vies ordinaires que la valeur grammaticale d'un "Nous" peut momentanément recueillir et exprimer. Les deux questions, *où en suis-je avec la philosophie ? où en êtes-vous avec la philosophie ?* sont ainsi des questions dont la valeur provient essentiellement du surgissement de l'ordinaire comme valeur.

Si tel est le cas, faire de la philosophie, c'est non seulement revenir en permanence sur le caractère ordinaire de son propre parcours, en accentuant le statut conjoncturel de l'intervention philosophique, mais c'est également veiller à traduire les problèmes philosophiques dans la langue ordinaire, non pour les annuler mais pour en faire au contraire ressortir tout le jus propre. C'est dire que les histoires de la philosophie, et *a fortiori* l'histoire de la philosophie, ne sont pas nécessairement la seule entrée possible pour pénétrer dans la philosophie. Il se pourrait même, si du moins l'on considère la philosophie comme une opération dans l'ordinaire, au sens où le médecin opère dans le corps du patient, qu'il faille, dans

1. Voir à ce propos Sandra Laugier, « L'inquiétante étrangeté de l'ordinaire », communication prononcée à Amiens en avril 2004 dans le cadre d'un colloque ayant pour thème « Les politiques de l'ordinaire ».

la mesure du possible, faire des histoires à la philosophie pour qu'en retour l'histoire générale de la philosophie et ses histoires spéciales prennent pleinement leur sens. Il m'apparaît essentiel, bien loin de simplifier la philosophie par le recours à l'ordinaire, de la compliquer, en créant en son propre sein des histoires que l'histoire de la philosophie peut avoir tendance à ne pas retenir en raison de sa structure métaphysique dominante. La question, *où en suis-je avec la philosophie*, peut alors momentanément être réduite à cette question, *où en suis-je avec l'histoire de la philosophie ?* Une telle question n'a de sens à mes yeux que si l'on s'interroge sur la façon dont les histoires ordinaires entrent en rapport avec l'histoire de la philosophie. Que peut-être l'histoire de la philosophie pour intégrer les histoires ordinaires ? Parler d'histoires ordinaires ne va pas de soi. L'histoire de la philosophie serait-elle à ce point extraordinaire qu'elle passerait outre le banal, le commun, pour s'accomplir dans une auto-position qui serait la marque de sa propre arrogance ?[1]. À considérer le problème de cette manière, l'on risque de produire une division arbitraire entre les genres d'histoires et d'instituer une norme de l'ordinaire ou de l'extraordinaire qui vaudrait pour toutes les histoires. De plus, en cette matière plus qu'en aucune autre, les choses ne sont pas tracées par avance et fixées en règle générale. Chaque philosophie recompose un certain rapport à l'histoire de la philosophie, à l'histoire de sa propre écriture et aux histoires ordinaires.

Il existe donc une façon singulière de faire de la philosophie, liée à la façon singulière d'ordonner ces trois régimes

1. Stanley Cavell, *Un ton pour la philosophie*, Paris, Bayard, 2003 pour la traduction française.

d'histoires. C'est pourquoi l'une des façons les plus avisées de faire de l'histoire de la philosophie, c'est de renoncer à l'idée d'une histoire générale, pour rendre compte, dans le détail d'une opération particulière, des multiples façons dont une philosophie enchaîne l'histoire de la philosophie, l'histoire de sa philosophie aux histoires ordinaires qui sont puisées dans la vie ordinaire du philosophe ou dans les exemples communs de situations banales. Assurément, c'est toujours par rapport à une idée de la philosophie et donc en fonction d'une opération philosophique spécifique que cet enchaînement peut avoir lieu.

la philosophie désorientée

Il est possible de délaisser momentanément le plan ordonné de l'histoire de la philosophie et de revenir sur la pratique philosophique en cherchant à révéler ce qu'elle fait de l'histoire de la philosophie et, éventuellement, la façon dont elle en défait certains segments. Cette pratique de la philosophie est liée à un désir d'y voir clair, de s'orienter dans l'épaisseur des façons de faire. Le problème de l'orientation est un problème particulièrement vif pour la philosophie, dès lors qu'elle a partie liée avec une forme sceptique qu'elle ne peut ajourner mais qu'elle doit, le cas échéant, surmonter. Savoir s'orienter dans la distinction entre les idées et les concepts, entre les faux et les vrais problèmes, entre l'illusoire et l'erroné ou le vrai, est souvent considéré comme la marque de l'esprit philosophique. Seulement, qu'est-ce qu'un esprit philosophique ? Le problème est souvent posé de façon largement tautologique. L'esprit philosophique se reconnaît à sa capacité de s'orienter, mais pour s'orienter il est souvent nécessaire de considérer que l'on dispose déjà d'un esprit philosophique. Du « naturel philosophe » de Platon jusqu'à la « raison » de Kant, en passant par « le bon sens » de Descartes, nous assistons à la même construction d'une norme philosophique qui se reconnaît à la liaison à la fois commune et remarquable, ordinaire dans sa forme et extraordinaire dans son développement, qu'elle produit entre l'orientation qui est une qualité commune, propriété de tous, et l'esprit philosophique qui développe tellement cette qualité commune qu'il la renouvelle comme qualité séparée, métamorphosée par ce biais, et la transforme en état de fait proprement extraordinaire, violemment renvoyé sous la forme d'une médecine de l'entendement ordinaire à tous ceux qui se sont contentés d'user de manière fort ordinaire de leur entendement.

Deux problèmes sont alors posés. Le premier concerne le rapport entre les orientations communes, plus ou moins spontanées, élaborées dans le cadre de situations banales et les orientations philosophiques qui développent à l'extrême les formes rationnelles en jeu dans les orientations communes et les transforment de ce fait en orientations de seconde zone reposant sur des valeurs insuffisamment élucidées, souvent contradictoires entre elles. La transformation des valeurs réflexives de la vie ordinaire, qui est produite par l'élaboration des valeurs philosophiques, engendre une médecine philosophique qui n'a de cesse, sur le terrain de la réflexion, de produire une distinction normative entre des formes normales de la réflexion et des formes pathologiques. La santé du philosophe s'appuie sur la maladie des faux-philosophes, sommés de guérir, d'accéder à la philosophie, si du moins ils ne veulent pas persévérer dans leur erreur et s'enfermer dans la maladie. Une réforme de l'entendement, conquête de la bonne norme d'orientation, ne peut être du même coup qu'une médecine de l'entendement. Ainsi la question reste ouverte de savoir si la philosophie peut être autre chose qu'une médecine. Pour ma part, elle doit l'être le moins possible et se comprendre comme une expérience de la modification de la pensée qui révèle le développement singulier d'une santé plutôt qu'elle n'engage une thérapeutique au sens restrictif du terme.

C'est alors qu'apparaît un second problème qui est celui du critère de l'orientation dans la réflexion. Il me semble que le texte de Kant, *Qu'est-ce que s'orienter dans la pensée ?* fait apparaître précisément un nouveau type de question dans le champ de la réflexion philosophique, qui ne porte pas seulement sur la nécessité de produire un critère d'orientation dans la réflexion mais l'envisage, de façon plus radicale encore, comme une opération commune et vitale. Le critère de l'orientation est cherché par Kant du côté d'un pouvoir propre de la raison. La nécessité de s'orienter dans la pensée repose sur un besoin subjectif de la raison et non sur un référent extérieur. C'est en prenant appui sur le fond de soi-même que l'orientation dans la pensée est possible, et avec elle, une pratique philosophique renouvelée. De la même façon que je ne peux m'orienter dans l'espace infiniment grand du Cosmos ou dans l'obscurité du petit espace de la chambre qu'en disposant « d'un principe de différenciation subjectif » [1] qui est le sentiment d'une différence entre la droite et la gauche, de la même façon, je ne peux m'orienter dans les différents usages de la raison qu'en fonction d'un « principe subjectif de différenciation [qui] n'est rien d'autre que le sentiment du besoin inhérent à la raison » [2]. Le besoin subjectif de la raison

1. Kant, *Qu'est-ce que s'orienter dans la pensée ?*, Paris, Vrin, 1983, p. 77.
2. *Ibid.*, p. 78.

est l'analogue du sentiment sensible de la différence entre la droite et la gauche. Il permet, en l'absence de toute donnée de l'expérience, de suppléer à l'absence de contenu fourni par la sensibilité et d'envisager, sur la base du besoin de la raison, la fabrication d'un contenu rationnel susceptible de remplir ce besoin de la raison. « Mais c'est ici qu'intervient le droit du besoin de la raison (à titre de principe subjectif) lui permettant d'admettre et de supposer ce qu'elle ne doit point prétendre savoir en fonction de principes objectifs. Est fondamental, par conséquent, le droit de s'orienter dans la pensée en cet espace supra-sensible incommensurable et plein de ténèbres pour nous, uniquement d'après son propre besoin »[1].

Le texte de Kant fonctionne à plusieurs niveaux. Il étend, tout d'abord, la fonction du criticisme au-delà du strict accord entre l'intuition sensible et le concept, en envisageant, au moins à titre d'analogie, comme l'expression d'un besoin théorique ou pratique de la raison, la possibilité de donner un contenu à des formes rationnelles, en l'absence de tout marquage sensible. Il signale, ensuite, qu'il existe un véritable besoin de la raison pour donner sens à ce qui existe à l'extérieur de soi. Il révèle, enfin, que cette norme de l'orientation se trouve comprise par analogie avec le sentiment subjectif de la droite et de la gauche, lequel renvoie, en dernière instance, à son propre corps. C'est, en effet, le sentiment de la différence entre les deux côtés du corps qui permet de s'orienter dans l'espace obscur d'une « chambre aux parois identiques [où] quelqu'un par plaisanterie avait déplacé tous les objets, laissant le même ordre entre eux, mais

1. *Ibid.*, p. 79.

posant à gauche ce qui, auparavant, se trouvait à droite »[1]. L'analogie de l'orientation dans l'espace intellectuel avec l'orientation dans une chambre en désordre est précieuse. Le fait, pour Kant, d'avoir choisi un lieu aussi ordinaire qu'une chambre est extrêmement intéressant. Car, dans la nuit, c'est la familiarité même de ce lieu ordinaire qui s'estompe et laisse place à des terreurs nocturnes, à des angoisses, à toute une faune mentale qui trouve, dans cette confusion des repères, une occasion précieuse de développement. Ainsi est-ce bien la familiarité de l'espace sensible qui est mise en cause sous la forme du bouleversement de son ordre ordinaire, comme c'est la familiarité de l'espace intellectuel qui est mise en cause à travers le surgissement d'une idée fantasque, par exemple, la possibilité rationnelle de la démonstration de l'existence de Dieu (argument de Mendelssohn).

En outre, la possibilité de produire un repère subjectif entre la droite et la gauche d'après son propre corps, permet d'envisager une orientation dans l'ordre bouleversé de la chambre. S'il a été remarqué que l'orientation s'accomplit bien dans un monde familier bouleversé mais non annulé[2], toutes les conséquences n'en ont pas été tirées, en particulier celle qui atteste d'un lien étroit entre orientation et familiarité, dénoté par la possibilité de se situer dans son propre corps, en revenant donc à un référentiel vital qui suggère, sinon dans la lettre kantienne, du moins dans un certain esprit du kantisme, que la vie est en elle-même, par sa force propre, puissance d'orientation, que la capacité d'orientation est une possibilité corpo-

1. Kant, *Qu'est-ce que s'orienter dans la pensée ?*, *op. cit.*, p. 78.

2. Heidegger, *Être et temps*, Paris, Gallimard, 1986 pour la présente édition, § 23, p. 149-150. Voir aussi Pierre Macherey, « S'orienter dans la pensée 2 » dans « La philosophie au sens large », Lille http ://www.uni-lille3.fr.

relle qui n'est susceptible, dans l'exercice de la vie, d'aucune limitation et, qu'à ce titre, elle est présupposée dans l'exercice de l'orientation réflexive. On est alors en droit de se demander ce qui se passerait si le malin génie imaginé par Kant, pour suggérer l'introduction du désordre dans la chambre, ne se contentait pas d'intervertir l'ordre des objets, situés à droite et à gauche, mais défaisait cet ordre, ruinant ainsi la possibilité même d'une mémoire de l'ordre ancien. La réponse serait, somme toute, assez simple : ce serait une panique complète, au point que même le pouvoir vital de s'orienter dans l'espace serait momentanément mis à mal. Autant dire que nous serions en pleine désorientation, sans espoir de trouver un ordonnancement, d'après la mémoire d'un objet ou d'un ordre ancien, perdus dans la familiarité rompue et annulée par l'inquiétante étrangeté de la nuit.

Qu'en résulte-t-il quant à l'analogie avec l'espace intellectuel ? Le pouvoir vital d'orientation dans l'espace des problèmes intellectuels n'est disponible que pour autant que l'on suppose comme donnée, une familiarité de la vie intellectuelle qui peut voir ses combinaisons momentanément bouleversées mais qui n'en suppose pas moins, à l'instar de la chambre de Kant, la possibilité d'un ordre que la familiarité de l'analyse de l'ordre intellectuel déjà disponible permet d'approcher, sinon de retrouver. C'est dire que ce qui rend possible, au sens d'un *a priori* social passé sous silence par Kant, l'orientation dans l'espace intellectuel, c'est, à égalité avec le besoin de la raison, la familiarité de l'ordre intellectuel dans lequel se trouve situé le philosophe qui s'exprime sur une question, et dont les éléments peuvent être bouleversés, au point d'impliquer un nouvel ordre intellectuel, mais tel toutefois qu'il puisse faire l'objet d'une enquête à partir du souvenir de l'ancien ordre intellectuel. On voit alors que c'est bien l'ordinaire d'une situation intellectuelle qui rend possible, à égalité avec le besoin de la raison, l'usage de l'orientation. Les traits de la situation intellectuelle nouvelle ne peuvent pas être entièrement nouveaux. Il doit demeurer une cohérence rationnelle entre l'ordre ancien et l'ordre nouveau, permettant d'accéder à l'ordre nouveau grâce à l'ordre ancien. Kant admet ainsi un double critère de l'orientation, le besoin qu'a la raison de s'orienter en l'absence même de tout référentiel extérieur mais aussi le caractère ordinaire de l'espace intellectuel dans lequel le besoin rationnel de s'orienter peut être mis en branle. Ou plutôt, le besoin de s'orienter ne peut être effectif que parce qu'il s'appuie sur une perception du caractère ordinaire de l'espace intellectuel dans lequel il est amené à intervenir.

Ainsi la réflexion, et par-delà elle, l'instauration de la philosophie, suppose-t-elle la forme ordinaire de l'espace dans lequel elle est amenée à se déployer et dont il est toujours possible d'imaginer des bouleversements dans des séquences locales ou des interversions d'ordre mais jamais des interruptions d'ordre qui pourraient naître, par exemple, de chevauchements d'ordres intellectuels pluriels et en partie hétérogènes les uns aux autres. L'argument de Kant reste enchâssé par le besoin de la raison, d'un côté, et le postulat d'un ordre intellectuel, de l'autre côté. C'est dire que la philosophie a, non seulement, les moyens subjectifs de s'orienter mais possède également le code d'accès à un ordre intellectuel qui offre la destination d'une cible à l'orientation elle-même. Ce qui se joue ici, c'est l'appartenance de la philosophie à une culture qui est aussi un monde commun.

Que se passe-t-il quand la philosophie est désorientée ? Que se passe-t-il quand l'exercice de la réflexion n'est plus garanti par aucun de ces deux pôles ? Certes, il est toujours possible de réitérer le sentiment subjectif d'une conviction rationnelle et de la relier à des formes intellectuelles déjà sanctionnées, à des savoirs dont la valeur heuristique est garantie par un examen rationnel. Seulement cette conviction rationnelle n'est aucunement garantie d'être formulée adéquatement, ni même d'avoir une lisibilité suffisante. De plus, l'idée d'un espace intellectuel, suffisamment homogène pour autoriser de nouvelles orientations garanties par la référence à un ordre au moins supposé, n'a aujourd'hui plus la moindre signification. Ceci ne signifie pas qu'il n'y a plus d'ordre intellectuel, bien au contraire mais que la radicale hétérogénéité des savoirs, la spécialisation des méthodes d'investigation, la dispersion des formes de réflexion ne permettent plus à la philosophie de se reposer sur une norme d'orientation rationnelle univoque, recherchée dans un besoin de la raison.

Faire de la philosophie, c'est alors prendre le risque d'intervenir dans un régime de rationalité par un ensemble de procédés qui demeurent fondamentalement aléatoires. Les contours de l'activité théorique ne sont définis par aucune norme rationnelle, susceptible d'être soustraite à l'examen critique. Bien plus, la philosophie est remise en question à chaque intervention qu'elle produit dans une situation particulière. Cette remise en question ne provient pas seulement de la conjoncture dans laquelle elle s'inscrit, et dont le caractère contingent ne peut que rétroagir sur la forme rationnelle qui cherche à s'en emparer. Elle provient également de la rétroaction de la pratique philosophique sur l'histoire de la philosophie. Autant dire que la philosophie ne se réduit pas à l'exposition systématique de doctrines que la comparaison permettrait de situer dans un même espace réflexif. Elle ne se cantonne pas davantage à une suite d'arguments rationnels dont le rôle de la logique philosophique serait de dénombrer les différentes formes. En fait, il existe autant de philosophies qu'il existe d'expériences de pensée dont chacune admet son propre critère d'orientation et n'est pas tenue d'être justifiée par référence à d'autres critères d'orientation. Les expériences de pensée forment ainsi des mondes complets qu'aucune méta-pensée ne saurait unifier sans les perdre inexorablement. La philosophie est alors partout puisque les expériences de pensée sont innombrables. Pourquoi définir la philosophie comme expérience de pensée et non simplement comme pensée ? La pensée se rapporte à des objets alors que l'expérience de pensée présuppose un retour sur le sujet de la pensée tel que celui qui pense est modifié par sa pensée. Dans une telle direction, Foucault pourra définir l'essai comme une entreprise de modification de soi [1] et chercher à comprendre comment la philosophie se définit comme cette pratique qui met en jeu l'*ethos* de celui qui la pratique [2].

la philosophie comme effet

La pluralité des expériences de pensée interdit toute position de surplomb à partir de laquelle pourraient être redessinées les lignes effacées d'une histoire de la philosophie au singulier. S'intéresser à toutes les expériences de pensée, désirer faire le maximum de chemin avec elles, c'est affirmer que la philosophie n'a pas une seule histoire qui lui rendrait sa vraie

1. Michel Foucault, *L'usage des plaisirs*, Paris, Gallimard, 1984, p. 15.

2. J'ai eu l'occasion de développer cette conception de l'essai comme forme vivante de la philosophie dans *Canguilhem et les normes*, Paris, P.U.F., 1998, chapitre 1 « Philosophie et norme ».

lumière, par-delà les interprétations divergentes qui en sont proposées, mais qu'elle est toujours reprise dans des histoires singulières pouvant provenir d'expériences de pensée puissamment hétérogènes qui compliquent l'histoire de la philosophie, la défont ou la refont. Si la philosophie n'a pas d'histoire, au sens où Althusser le revendique [1], ce n'est certes pas pour en annuler son peuplement événementiel spécifique mais pour le réfracter sur d'autres peuplades dont les événements théoriques produisent précisément ce qu'Althusser nomme des « effets-philosophie ».

Il existe d'innombrables effets-philosophie produits dans la philosophie des philosophes comme dans la philosophie des non-philosophes. « Les dits effets-philosophie commandent et organisent tous les discours philosophiques. Ils peuvent être présents en d'autres discours, dits scientifiques ou idéologiques ou esthétiques, mais sans les commander et les organiser » [2]. S'il existe des effets-philosophie dans tous types de discours, alors il va de soi que la philosophie ne saurait s'effectuer qu'en étant reliée en permanence aux effets-philosophie produits par les non-philosophes. La philosophie ne peut alors commencer par elle-même quoi que ce soit. Elle est un effet des effets-philosophie produits par ces « pensées du dehors » que sont celles des non-philosophes. Ceci ne veut pas dire qu'elle n'a pas sa particularité. Sa localisation dans l'institution philosophique en fait une discipline spéciale et c'est pourquoi il existe bien, sinon des philosophies nationales, du moins des caractères de la philosophie qui sont toujours donnés à l'intérieur de formes singulières,

1. Louis Althusser, *Notes sur la philosophie*, « De l'effet-philosophie » in *Écrits philosophiques et politiques*, Paris, Livre de poche, 1997, tome II, p. 347.
2. *Ibid.*, p. 347.

construites dans l'histoire des nations et ne sont en aucun cas, est-il besoin de le rappeler, l'objet d'élection de certaines nations[1]. La philosophie n'est jamais autant philosophie que lorsqu'elle cherche à s'orienter dans les différents effets-philosophie produits par les non-philosophes. La philosophie est alors moins orientation dans la pensée dont elle aurait par avance acquis le monopole qu'orientation dans les pensées, c'est-à-dire orientation dans les façons de s'orienter propre à chaque pensée. La philosophie est donc un effet des effets-philosophie produits par l'ensemble des régimes discursifs. On comprend alors pourquoi Althusser a pu écrire que « la philosophie n'a pas d'objet, au sens où une science a un objet »[2]. Ceci ne signifie pas qu'il n'existe pas des objets philosophiques mais que ces objets sont sans consistance dans le réel. Les objets philosophiques sont des objets hybrides, mixtes, dont le statut provient de la résonance qui les relie aux ondes produites par les objets des autres discours et par les événements qui, à l'extérieur des discours, règlent le cours d'une histoire des hommes.

Dire que la philosophie est l'effet des effets-philosophie, c'est dire, d'une part, que la philosophie s'effectue aussi en dehors de la philosophie des philosophes, dans une forme de pensée du dehors qui ne peut être appelée ainsi que si l'on continue à se situer dans un dedans philosophique qui serait le dedans des philosophes, c'est soutenir, d'autre part, que la philosophie des philosophes a d'autant plus à faire avec la philo-

1. De ce point de vue, je m'inscris en faux contre l'argument de Deleuze et Guattari qui évoquent une histoire de la philosophie distribuée selon trois nations, l'Angleterre, l'Allemagne et la France et construisent des types philosophiques nationaux qui excluent toute autre caractérisation. Cf. *Qu'est-ce que la philosophie ?*, *op. cit.*, p. 98.

2. *Philosophie et philosophie spontanée des savants*, Paris, Maspéro, 1974, Thèse n°4, p. 18.

sophie des non-philosophes que son faire dépend, pour une large part, de sa capacité à reprendre le faire réflexif des non-philosophes.

Ce qui se joue sur le premier versant, c'est l'exact rapport entre la philosophie des philosophes et la philosophie des non-philosophes. L'erreur serait de penser la première comme plus élaborée que la seconde, de croire que la philosophie des non-philosophes est une philosophie spontanée alors que la philosophie des philosophes est une philosophie explicitement assumée comme tâche critique. Cette division qui reproduirait la division science-idéologie est absolument intenable. L'effet-philosophie, produit dans des expériences de pensée absolument singulières, n'est en aucun cas une philosophie spontanée que la science, par exemple, produirait pour former la conscience de soi dont elle aurait besoin pour se donner une forme unitaire. D'une manière plus radicale encore, l'effet-philosophie ne se loge pas seulement dans les sciences mais également dans la littérature, dans les arts, etc. Il y a autant d'effets-philosophies que d'expériences de pensée. Il n'est d'ailleurs absolument pas certain que les expériences de pensée prennent nécessairement une forme discursive. Rien n'interdit de les considérer dans des pratiques d'existence, pratiques collectives, pratiques singulières qui revendiquent la modificabilité d'un *ethos* qu'elles se donnent précisément pour objet de changer, de réinventer dans les limites d'une situation historique donnée. La philosophie ne peut donc plus consister seulement à « tracer une ligne de démarcation entre l'idéologique des idéologies d'une part, et le scientifique des sciences d'autre part »[1] car elle est toujours remise en question, dans

1. *Philosophie et philosophie spontanée des savants*, *op. cit.*, Thèse n°20, p. 26.

ses propres propositions, par les effets-philosophies produits par l'ensemble des expériences de pensée.

Sur le deuxième versant, la philosophie m'apparaît sous une forme essentiellement marginale. Elle se développe en marge des autres types de philosophie produits par les non-philosophes. Cette marge joue pleinement dans la constitution de la philosophie des philosophes. Même lorsque la philosophie ne s'occupe que d'elle-même, elle se développe dans le blanc des autres savoirs, pensées, expériences, dont elle peut avoir envie de chercher à régler le cours en se donnant une fonction de jugement rapportée à des sanctions, des blâmes ou des encouragements mais qu'elle peut aussi ignorer pour mieux se construire dans l'illusion de son autonomie ou qu'elle peut aussi, de façon plus modeste, mais sûrement plus féconde, réfléchir au sens fort du terme, c'est-à-dire les évaluer, non pour réitérer la posture du juge mais pour affirmer que la philosophie est règlement de valeurs, conflit de valeurs. Cette expérience de la philosophie est suscitée par les différends entre les multiples régimes de valeurs engagés par chaque expérience de pensée, puisque l'appréciation d'une valeur positive, engendrée par une expérience de pensée, se fait toujours sur fond de la dépréciation d'une valeur négative, mais aussi entre les valeurs positives des différentes expériences de pensée.

Ainsi la philosophie est-elle moins un commencement qu'une continuation. Telle peut être, lue d'une certaine manière, la leçon philosophique de Georges Canguilhem. L'épistémologie de Canguilhem peut être resituée dans le cadre d'une philosophie des valeurs dont le centre de gravité est la vie comme affirmation de valeurs. Le problème majeur qui résulte d'une philosophie de la vie comme création de valeurs réside dans l'articulation produite entre les valeurs de la vie et les valeurs produites par l'homme, parmi lesquelles les valeurs de la philosophie ne peuvent manquer d'être interrogées en raison même de leur transcendance si particulière, affirmée comme telle dans l'histoire de la philosophie. L'originalité de Canguilhem a consisté à penser les valeurs de la philosophie comme un règlement tolérant des valeurs de la vie[1]. Ceci n'a de sens qu'à la condition que la philosophie vienne après la vie, non pour en annuler les créations de valeurs mais pour s'orienter parmi elles et susciter un double mouvement d'interrogation de la vie par la philosophie et de mise en question d'une certaine idée de la philosophie par la logique propre des valeurs de vie déployées par les vivants humains[2]. Il en résulte une double interrogation sur la forme normale de la philosophie suscitée par les polarités normatives des expériences de vie et sur l'idée d'une vie de la philosophie, engagée non seulement par les différentes formes de philosophies engendrées par les expériences de pensée mais encore par l'institution normale de valeurs dans la vie ordinaire. Tout cela est admirablement résumé par l'énoncé *princeps* de Canguilhem qui peut valoir comme une sorte de blason pour une certaine pratique de la philosophie : « La philosophie est une réflexion pour qui toute matière étrangère est bonne et nous dirons volontiers pour qui toute bonne matière doit être étrangère »[3]. Ce qui est exemplaire dans cette définition de la

1. Cf. *Canguilhem et les normes*, Paris, P.U.F., 1998.

2. Il existe naturellement plusieurs façons de procéder à une archéologie vitale de la philosophie. Ainsi par exemple la psychanalyse est-elle dans son droit lorsqu'elle cherche à « démonter le mécanisme psychique et pulsionnel qui engendre la création philosophique ». *Cf.* Paul-Laurent Assoun, *Freud, la philosophie et les philosophes*, Paris, P.U.F., 1976, p. 93.

3. Georges Canguilhem, *Le normal et le pathologique*, Paris, P.U.F., 1966, p. 7.

philosophie, c'est qu'elle propose une définition de la philosophie au travail. Loin de dire ce qu'est la philosophie, Canguilhem préfère affirmer en quoi consiste son opération. Le travail philosophique est un travail en deuxième instance. Le métier de philosophe, pour reprendre un terme que Canguilhem affectionnait particulièrement[1], n'est jamais premier mais consiste toujours dans une activité d'après-coup, de seconde main, au sens d'une main qui, pour venir après, n'en est pas moins une main. La philosophie, à mes yeux, se caractérise moins par sa force prémonitoire, par sa capacité de dire à l'avance ce qu'il en est de notre monde, que par son retard essentiel avec lequel elle est amenée à revenir sur ce qui s'est produit. Le retard est la valeur centrale de la philosophie en tant que, venant après, elle ne peut que réfléchir, au sens de l'image du miroir, une réalité qui est première et qui lui échappe en partie. Il est vrai que ce retard n'a de sens qu'à la condition d'être suscité par le mouvement d'engendrement du réel, lequel d'ailleurs se réfracte aussitôt en mouvement d'engendrement des régimes discursifs parmi lesquels la philosophie des philosophes ne peut assurément venir qu'en dernier.

Ainsi existe-t-il une histoire vivante de la philosophie, non ordonnée à l'histoire que la philosophie produit lorsqu'elle interprète son propre déploiement temporel, qui tient d'abord à l'invention des normes de vie dans les différentes expériences de vie, singulières ou collectives et dans les différentes

1. Ainsi, lors du Colloque qui lui fut consacré, Canguilhem déclina l'invitation à venir parler en ces termes : « Il ne m'est pas possible, à mon âge, de faire autrement que j'ai toujours fait, c'est-à-dire considérer ce qu'on appelle mon œuvre comme autre chose que la trace de mon métier ». Cf. *Georges Canguilhem, philosophe, historien des sciences*, Paris, Albin Michel, 1993, p. 324.

formes de la vie (technique, économique, politique, scientifique, etc.)[1], qui repose ensuite sur l'exploration de normes réflexives en jeu dans les expériences de pensée dont la caractéristique est de se situer à la jonction des formes de vie, des expériences de vie et du discernement critique, lié à des types d'orientation spécifiques et qui s'affirme dans une volonté de s'orienter à l'intérieur des différents systèmes d'orientation proposés par chaque expérience de pensée. Selon ce rappel quelque peu abstrait des différentes tendances de la philosophie, on devine que la philosophie se loge dans un double après-coup : l'après-coup des effets-philosophies engendrés par les différentes expériences de pensée, l'après-coup de l'évaluation que la philosophie met en avant dans son désir légitime de s'orienter dans les pensées qui la bordent et la débordent.

Sur ces deux points, la philosophie de Canguilhem trace un programme de travail d'une netteté inégalée. La référence à la médecine joue chez lui comme une « introduction à des problèmes humains concrets »[2]. Le choix de la médecine n'est pas anecdotique. Les problèmes médicaux, en leur spécificité, engagent les relations de la vie à la norme. Prendre la médecine comme matière étrangère, c'est situer la réflexion philosophique à l'endroit exact où peut s'opérer une disjonction entre la vie d'un vivant et ses normes de vie. Ainsi, par-delà une philosophie de la vie vers laquelle conduit inévitablement

1. Cf. Dominique Lecourt, *Humain, post-humain*, Paris, P.U.F., 2003, p. 81-93. J'ai essayé de penser la technique comme prolongement de la vie dans deux textes de statut différent, l'un relatif à Bergson et à la question de l'art, « L'œuvre de l'art ou l'impossible oubli de la technique selon Bergson », *Kairos*, mars 1999, l'autre relatif à une technique médicale particulière, l'échographie, « Est-il possible de voir la vie ? », en collaboration avec F. Brugère dans *Peut-on voir la vie ? L'échographie obstétricale*, Toulouse, Erès, 2001.

2. Georges Canguilhem, *Le normal et le pathologique*, *op. cit.*, p. 7.

la question médicale, c'est l'idée même d'une philosophie qui se joue sur le terrain de la vie et qui est révélée dans sa propre pratique par le truchement d'une discipline extérieure qui est la médecine. Il se joue alors une partie de billard à trois bandes, entre la philosophie, la médecine et la vie, dans laquelle toutes les inter-relations fonctionnent pleinement. La médecine est une première évaluation de la vie humaine, elle s'intéresse à la vie selon la valeur positive de la santé et selon la valeur négative de la maladie. Cette double appréciation-dépréciation situe la médecine comme valeur de la vie. Les actes médicaux cherchent à prolonger la vie en la valorisant grâce au bénéfice thérapeutique qu'ils autorisent. La médecine est alors révélée de ce fait comme une technique au service de la vie. Toute la forme technique peut ainsi basculer comme une activité vitale et révéler que la vie est, en elle-même, position de valeur[1]. « Il en est de la médecine, comme de toutes les techniques. Elle est une activité qui s'enracine dans l'effort spontané du vivant pour dominer le milieu et l'organiser selon ses valeurs de vivant »[2]. La vie invente donc les normes qui sont nécessaires à la maîtrise de ses milieux de vie. Ainsi, lorsque Canguilhem pense la nécessité de la médecine comme cette « matière étrangère » susceptible de rectifier l'orientation du travail philosophique, il affirme clairement un lien entre la vie et cette matière étrangère qui exprime toujours, à quelque degré que ce soit, un point de vue sur la vie et il suggère un premier nouage entre philosophie et vie, obtenu par une pratique, la médecine, avant que, par un ultime effet d'orientation, la philosophie des philosophes ne vienne

1. Cf. *La vie humaine. Anthropologie et biologique chez Georges Canguilhem*, Paris, P.U.F., 2002.

2. Georges Canguilhem, *Le normal et le pathologique*, *op. cit.*, p. 156.

s'efforcer de proposer une théorie générale des valeurs qui ne réside pas dans une hiérarchie construite rétroactivement en fonction d'une nouvelle position de surplomb mais dans une analyse intégrale, donc tolérante, des différentes valeurs déployées dans l'activité vitale, notamment mais non exclusivement, lorsqu'elle s'accomplit dans la vie humaine. L'évaluation des savoirs extérieurs, entendue comme appréciation d'une valeur positive sur fond de la dépréciation d'une valeur négative, outre qu'elle encadre les différentes activités du vivant humain, les mettant en perspective en fonction de nouvelles polarités normatives, se prolonge, dans l'orientation philosophique des philosophes, en évaluation seconde dont l'enjeu est d'exhiber les différents seuils normatifs engagés dans chaque système d'orientation que la philosophie des non-philosophes produit dans chaque savoir.

J'ai bien conscience, ce-faisant, de forcer quelque peu le trait en interprétant, peut-être de manière abusive, le type de travail philosophique développé sous une forme toujours extrêmement concise par Canguilhem à la lumière d'une certaine idée de la philosophie comme « pratique théorique ». Ce concept de « pratique théorique » qu'Althusser a forgé, et sur lequel il est ensuite revenu, peut en partie être dégagé de la seule référence, problématique à mes yeux, à la science et à la philosophie, pour désigner toute procédure théorique dès lors qu'elle s'accomplit sous la forme d'une intervention dont le caractère local et historique est clairement revendiqué. Alors qu'elle a désigné pour Althusser, pendant un temps du moins, « à la fois la pratique scientifique et la pratique philosophique »[1] et qu'elle a ainsi scellé une identification entre le scientifique et le philosophique dont Althusser a cherché à se déprendre par la suite, ce concept désigne, pour ma part, un mode d'intervention proprement philosophique, lié au caractère contingent et historique des expériences de pensée. Toutes les formes de philosophie ne relèvent donc pas de la pratique théorique même si une certaine idée de la philosophie comme travail, en partie produit, comme tout travail, par le jeu des circonstances, en partie par une nécessité interne, se confond avec la mise en mouvement de la philosophie comme pratique théorique.

Quel est le gain de cette définition de la philosophie comme pratique théorique ? Selon Pierre Macherey, cette définition a le mérite d'éclairer la philosophie comme « opération »[2]. La philosophie est une opération quand elle n'est pas supportée par une structure préalable qui garantirait par avance le développement de l'intervention philosophique. Est au contraire révélée l'historicité fondamentale de l'intervention philosophique, jamais assurée, dans son opération, de pouvoir retourner sur ses bases théoriques premières. La pratique théorique reconduit ainsi, du moins telle que je la vois, la rigueur théorique à la force des pratiques, à leur épaisseur historique, à leur vie propre. Une pratique théorique, c'est donc une orientation dans les pensées qui ne rompt pas avec les orientations pratiques dont elle est issue et qui porte, de ce fait, jusque dans la théorie, les préoccupations pratiques qui en sont à l'origine. Sur ces deux points, la philosophie de Canguilhem corrige ce que l'argumentaire d'Althusser pourrait avoir de trop corseté.

1. « Notes sur la philosophie » dans *Écrits philosophiques et politiques*, *op. cit.*, tome II, p. 343-347.

2. Pierre Macherey, *Histoires de dinosaure*, Paris, P.U.F., 1999, p. 149.

Surtout elle en infléchit la logique propre, en enracinant la réflexivité critique dans les valeurs de vie des vivants humains. Une nouvelle nébuleuse philosophique peut alors être dessinée en fonction de ce primat de la pratique. Cette nébuleuse, comme toute nébuleuse, est sans unité réelle, mais ses différents représentants ont malgré tout un air de famille dont le lointain ancêtre pourrait bien être Canguilhem. La « pratique théorique » d'Althusser, la « politique de la vérité » de Foucault ne se contentent pas de définir une certaine idée de la philosophie en fonction du primat de la pratique. Elles réactualisent, selon des modalités toujours particulières et nullement superposables, l'argument canguilhémien selon lequel la philosophie vient en second, est toujours en retard, marquée dès lors par une hésitation constitutive entre le désir normatif de corriger les normes de vie que la vie de chaque vivant, groupe ou institution valorise spontanément ou de manière indirecte, et sa vocation à rendre raison, au sens d'un besoin théorique d'orientation qui lui est propre, de toutes les normes de vie qui sont en jeu dans le déploiement des différentes activités de la vie. Dans la première direction se joue le moment politique du travail philosophique, interprété à la lumière de la pratique théorique. Dans la seconde direction se joue le moment épistémologique de ce travail philosophique. La conjonction, problématique au demeurant, de ces deux moments pourrait bien définir d'une façon aiguë ce que d'aucuns appellent « la philosophie française » ou « la philosophie à la française » et qui, loin d'une opposition radicale entre une philosophie du savoir, du concept, de la rationalité et une philosophie du sens, du sujet, du vécu, telle qu'elle a pu être construite par Canguilhem et amplifiée par Foucault, présuppose au contraire un nouage du concept et du sujet, de la rationalité et de la politique que momentanément, et d'une manière curieuse mais néanmoins féconde, l'idée de pratique théorique a pu, sinon résumer, du moins exprimer.

la philosophie et l'ordinaire

Est-il possible de prolonger cette mise en travail de la philosophie à la jonction du pratique et du théorique, tout en l'amendant du côté d'une référence à l'idée de vie sur laquelle s'appuyait la philosophie de Canguilhem ? Y a-t-il un sens à inscrire la pratique théorique dans une philosophie de la vie et à comprendre ainsi le pluriel des pratiques théoriques comme la marque d'un pluriel philosophique irréductible, lui-même en rapport avec une certaine idée de la vie au sens large ? Il est possible de répondre positivement à cette question en amorçant précisément une réflexion sur la vie ordinaire comprise à partir de l'idée de vie telle qu'elle avait été analysée par Canguilhem. Relier vie ordinaire et philosophie, sous la forme d'une genèse généreuse, en m'inspirant de la proposition de Canguilhem selon laquelle la philosophie vient après la vie et s'enracine en elle, suppose d'emblée de comprendre la vie ordinaire comme une modalité de la vie et non comme sa limite de validité à partir de laquelle, inexorablement, elle se serait perdue dans le jeu des formes humaines.

Pourquoi est-il si important d'interpréter la philosophie d'après la vie ordinaire ? N'y avait-il pas là le double risque de mythifier une forme transitoire, contingente et pour tout dire superficielle et, par voie de conséquence, de délester la philosophie de sa lourdeur propre, de sa difficulté intrinsèque, dont Vincent Descombes peut dire avec raison qu'elle est la marque des problèmes philosophiques[1] ? Ne suis-je pas en train de sortir la philosophie de son histoire pour la plonger dans un bain nouveau, le temps qui passe, le quotidien sans histoire, dans lequel elle ne pourrait manquer de se noyer ? Hegel ne nous a-t-il pas prévenus que « l'ici et le maintenant » n'est tout au plus que le premier chapitre du déploiement de l'esprit et en aucun cas le titre même de son aventure ? Bien sûr il est toujours possible de renverser ce dernier argument et de plaider au contraire pour une durée de la vie ordinaire, refusant ainsi la confusion de l'ordinaire et du maintenant. Il n'en reste pas moins que l'objection de la difficulté demeure d'autant plus vive qu'elle est articulée, chez Descombes, à une critique extrêmement pertinente de l'ubiquité de la philosophie ou de l'abus de philosophie dont fait preuve le « philosophiste », terme que Descombes reprend à la langue française du XVIIIe siècle et qui désigne quiconque fait un usage outrancier de la philosophie. Hegel, en mettant de côté le « maintenant » de la philosophie, en laissant à l'extérieur les formes mêmes de la contingence, n'a-t-il pas clairement affirmé, avant Wittgenstein, que ce qu'on ne peut dire il faut le taire, déconstruisant par avance toute objection qui considèrerait que sa philosophie est le symptôme le plus éclatant de la maladie du « philosophiste » ? Ne suis-je donc pas en train de devenir, sans le savoir, un « philosophiste » qui « croit pouvoir régler par la philosophie une difficulté qui doit l'être autrement »[2] ? Descombes va plus loin encore en radicalisant, de manière apparemment triviale mais en réalité extrêmement fine, le problème qui peut sembler être le mien : « S'il y a

1. Vincent Descombes, *Philosophie par gros temps*, Paris, Minuit, 1989, p. 13.
2. *Ibid.*

toute une métaphysique dans la façon dont on boit son café, qu'est-ce qui nous empêche de remplacer la méditation métaphysique par la consommation du café ? »[1]. Et l'on songe ici à l'évocation que Simone de Beauvoir fait de Sartre dans *La force de l'âge* lorsque Raymond Aron, de retour d'Allemagne, lui apprend, tandis qu'ils sont dans un café en train de boire un *cocktail*, qu'il peut, s'il est phénoménologue, « parler de ce *cocktail* et c'est de la philosophie ». « Sartre, écrivit-elle, en pâlit d'émotion, ou presque ; c'était exactement ce qu'il souhaitait depuis des années : parler des choses telles qu'il les touchait et que ce fût de la philosophie ». Il serait pourtant profondément malhonnête de considérer que la philosophie de Sartre est sortie d'un *cocktail*. Le retour aux choses, dans la réception française de la phénoménologie de Husserl et de Heidegger, nécessite une théorie de la conscience sans propriétés que Sartre s'est employé à formuler dans *La transcendance de l'ego* mais aussi dans un texte bref, « Notes sur l'intentionnalité », dont le centre de gravité est une véritable défense de l'homme sans qualités psychiques, d'autant plus exposé au monde qu'il est irrémédiablement ouvert à lui, dans une conscience qui, n'étant rien d'autre que cette autre chose vers laquelle elle s'arrache, se trouve en permanence être en dehors d'elle-même.

On voit par là qu'il est possible de se réclamer de l'ordinaire sans pour autant tomber dans une philosophie ordinaire, spontanée, qui n'aurait plus rien de philosophique[2]. Faire de la vie ordinaire un objet philosophique, ce n'est donc pas introduire la philosophie dans l'ordinaire pour y trouver les

1. Vincent Descombes, *Philosophie par gros temps*, *op. cit.*, p. 12-13.

2. Sandra Laugier a développé cet argument dans *Recommencer la philosophie*, Paris, P.U.F., 1999, p. 9-13.

problèmes philosophiques que l'ordinaire, habituellement, ne pose pas mais c'est s'efforcer de redonner à l'ordinaire sa complexité intrinsèque, en récusant la maxime précisément ordinaire selon laquelle l'ordinaire ne pose pas problème. S'il n'y a donc pas à introduire la philosophie dans l'ordinaire pour pouvoir considérer, en retour, l'ordinaire comme éminemment philosophique, le risque, en revanche, est de constituer une philosophie de l'ordinaire au sens où l'ordinaire serait le génitif objectif de la philosophie. Ceci aurait pour conséquence d'égrener tous les objets ordinaires qui peuvent être interrogés et de construire au mieux de nouvelles mythologies à la manière de Barthes, au pire une mystique de la vie quotidienne. Si je récusais d'emblée les deux hypothèses selon lesquelles il faut introduire la philosophie dans l'ordinaire ou produire une philosophie de l'ordinaire, était-il encore possible de philosopher d'après l'ordinaire sans que ce « d'après l'ordinaire » ne se transforme en un « sur l'ordinaire » qui aurait signalé une maîtrise d'emblée donnée, une toute puissance qui me semblait un signe de la philosophie d'autrefois mais en aucun cas le postulat de la philosophie au présent ?

L'entreprise qui est la mienne peut se comprendre à travers la question suivante : que signifie philosopher d'après la vie ordinaire ? On voit déjà que la question du retard, dont j'ai fait précédemment la condition de la philosophie de la vie chez Canguilhem, revient de la même façon à propos de la vie ordinaire. Philosopher d'après la vie ordinaire, c'est se trouver pris dans un retard irrécupérable, dans un après-coup qui interdit d'emblée toute appropriation trop rapide de l'ordinaire et tout mouvement de sympathie trop vif à son égard. Les deux attitudes sont d'ailleurs liées. Épouser patiemment les tours et détours de l'ordinaire, saisir sans médiations les tours et détours de l'ordinaire, c'était à tous les coups renouer avec un discours de la maîtrise, donné sur le mode humble du serviteur zélé mais néanmoins arrimé à l'idée d'un accès possible à l'ordinaire qui n'excluait pas toute trajectoire de survol. Certes, il demeure acquis pour moi que l'on ne peut se préoccuper de l'ordinaire qu'à la condition de décrire patiemment les événements de la vie ordinaire, que dans la restitution lente et progressive d'une leçon de choses qui aura la valeur, sinon d'une conversion, du moins d'une déprise à l'égard d'une certaine façon de philosopher qui envisage l'histoire de la philosophie comme sa raison d'être et qui, pour tout dire, considère que l'identité de l'identité et de la différence est plus importante que leur différence. Si je cherche à philosopher d'après l'ordinaire, c'est à la fois pour philosopher autrement et pour accéder à une nouvelle conscience de l'ordinaire dans la philosophie. Ces deux opérations me semblent intimement liées et je ne peux les disjoindre sans un certain énervement à voir l'autre aspect du problème se transformer en bout de comète. Il est évident que l'ordinaire n'a pas besoin de la philosophie pour se déployer dans sa logique propre, ni même pour accéder à une conscience de soi. Dans un même ordre d'idées, la philosophie n'a pas besoin de l'ordinaire pour soutenir ses logiques conceptuelles. Pour autant, ce qui m'intéresse, c'est précisément cette déclinaison mutuelle du problème de l'ordinaire dans la philosophie et du problème philosophique dans l'ordinaire, et ceci sans renier le fait que la philosophie vient après l'ordinaire, ce qui suppose qu'elle l'appréhende sous une polarité normative spécifique, soit comme un donné premier appelant la rectification, soit comme une complexité première dont il faut chercher, par les voies détournées de l'opération philosophique, à rendre raison. Je retrouve alors, sur le versant de l'ordinaire, la double nécessité d'une pratique théorique conjointe à une philosophie de la vie : d'une part, le caractère politique de la philosophie qui cherche à formuler les exigences à partir desquelles le donné premier des formes d'existence est susceptible d'un travail, d'un ensemble significatif de modifications et, d'autre part, le souci épistémologique de confronter les exigences rationnelles à la raison des existences, sans ignorer le décalage structurel dont a si bien parlé Bourdieu entre les raisons des existences et la raison de la science.

La forme philosophique à laquelle je parviens peut être désignée sous l'affirmation suivante : philosopher d'après l'ordinaire, c'est moins philosopher sur l'ordinaire ou construire une philosophie de l'ordinaire qu'instaurer un cours ordinaire de la philosophie, susceptible d'accueillir le travail de l'ordinaire dans la philosophie. Philosopher d'après l'ordinaire, c'est alors revenir à l'ordinaire de la philosophie comme l'une de ses formes les plus réelles. Ceci ne suppose pas de se détourner des vies ordinaires extérieures à la philosophie pour se préoccuper exclusivement du mode de constitution du discours philosophique. Seulement il est indispensable de relier les perspectives sur la vie ordinaire à une certaine idée de la philosophie qui est en jeu lorsque l'on cherche à philosopher d'après la vie ordinaire. Cette idée de la philosophie peut alors être explicitée sous la forme d'un ordinaire de la philosophie, au sens où une façon habituelle de faire de la philosophie (comme l'on parle de l'ordinaire d'une chose) provient d'un certain travail de l'ordinaire dans la philosophie.

En quoi consiste l'ordinaire et pourquoi permet-il une réorientation de l'ordinaire de la philosophie ? La réponse à cette question doit conditionner une nouvelle orientation dans la philosophie. L'ordinaire n'a pas toujours fait l'objet d'une interrogation réelle. L'ordinaire est, dans l'ordinaire de la philosophie, souvent associé au banal, à l'insignifiant, à tel point qu'on lui préfère l'extraordinaire, le remarquable, l'étrange. Dans tous ces vocables, il demeure la promesse d'une métamorphose, d'un arrachement au quotidien qui semble être l'une des vocations essentielles de la philosophie, depuis que Platon a campé le décor ou mieux encore la scène primitive, en accomplissant, dans une trajectoire idéaliste souveraine, la forme idéelle de la philosophie et en la retournant contre les différentes illusions de l'ordinaire. Ainsi l'ordinaire de la philosophie se conquiert-il contre l'ordinaire. Cette disjonction qui n'en finit pas d'être rejouée dans l'histoire de la philosophie admet ses trous noirs, ses bégaiements qu'il serait inutile de dénombrer car la liste obtenue n'aurait pas grand sens. Il est certain que Montaigne pourrait représenter l'une de ces anomalies sauvages qui contribuent, par contraste, à conférer à l'histoire de la philosophie l'allure endogène d'une vocation puisée dans la destitution de l'ordinaire. Il serait sans doute plus judicieux d'examiner chaque philosophie au rebours du problème de l'ordinaire et de chercher à comprendre, selon des modalités singulières et somme toute inattendues, comment l'ordinaire d'une philosophie a tendance à se constituer contre le problème de l'ordinaire. Bien sûr, il existe une histoire philosophique des rapports de l'ordinaire à l'ordinaire de la philosophie et, de ce point de vue, il faudrait impérativement se référer, ce que je ne fais pas, à l'entreprise de Wittgenstein et à la reprise originale qu'en fait le philosophe américain Stanley Cavell[1]. Il ne serait sans doute pas absurde non plus de souligner les ruptures qu'ont introduit successivement les *Essais* de Montaigne, les *Pensées* de Pascal, le *Traité de la nature humaine* de Hume, la *Phénoménologie de l'esprit* de Hegel, *Le capital* de Marx, etc. La liste n'est évidemment pas close mais, pour chacun de ces textes, il existe un ordinaire de la philosophie qui est en partie informé par le problème de l'ordinaire. Ainsi en est-il de l'ensemble des essais de Montaigne et, d'une manière générale, de ce que certains ont pu appeler la tradition sceptique[2]. Ainsi en est-il également de la figure du divertissement chez Pascal, de la division entre une philosophie abstraite et une philosophie facile et du recours à une sociabilité de l'homme du commun chez Hume, de la longue traversée des figures de la vie ordinaire dans la *Phénoménologie de l'esprit* et de l'analyse du travail chez Marx qui doit aboutir à la conversion d'une philosophie idéaliste en une philosophie matérialiste[3].

Si toutes ces propositions représentent autant de pistes de réflexion qu'il serait fécond d'explorer, elles ne sauraient cependant constituer les éléments majeurs d'un programme de travail d'après l'ordinaire, tant le thème de l'ordinaire s'inscrit dans une nébuleuse théorique qu'il n'est pas aisé ni même

1. Le livre de Sandra Laugier, *Recommencer la philosophie*, *op. cit.*, est entièrement consacré à l'examen de cette question dans le paysage philosophique américain. Son livre *Faut-il encore écouter les intellectuels ?*, Paris, Bayard, 2003, est une reprise des arguments de Cavell sur le langage ordinaire pour défendre un nouveau statut de l'intellectuel, l'intellectuel ordinaire.

2. Cf. Frédéric Brahami, *Le travail du scepticisme*, Paris, P.U.F., 2001 et Sylvia Giocanti, *L'irrésolution sceptique*, Paris, Honoré Champion, 2003.

3. Je m'inspire, pour Pascal et Hegel, d'une analyse de Pierre Macherey qu'il a consacrée, dans le cadre de son séminaire intitulé « La philosophie au sens large », au concept de vie ordinaire en prenant mon livre, *Les maladies de l'homme normal*, comme base de la discussion. Séance du 7 avril 2004, Lille.

souhaitable de clarifier. C'est que le problème de l'ordinaire ne cesse de demeurer à la marge de la philosophie et de faire l'objet d'investigations réelles par ceux-là seuls qui ont un pied dans la philosophie et un pied hors de la philosophie, dans la littérature, comme les Moralistes ou les Sceptiques de l'âge classique, ou plus récemment dans les sciences humaines, avec Henri Lefebvre ou Michel de Certeau. Accepter d'aller dans la marge pour rejoindre le problème de l'ordinaire, c'est supposer transformable le cours ordinaire de la philosophie, ce qui présuppose un sens large de la philosophie ; c'est savoir aussi qu'il existe une philosophie des philosophes mais aussi une philosophie des non-philosophes. L'ordinaire de la philosophie ne peut rejoindre le problème de l'ordinaire qu'à la condition de mettre la marge au centre de ses préoccupations et d'ouvrir ainsi la philosophie à tous les effets philosophiques qui sont produits hors de la philosophie, lorsque les sciences humaines, la littérature, la médecine, pour reprendre certains régimes discursifs inventent des expériences de pensée qui prennent l'ordinaire comme leur objet d'investigation. La philosophie est alors menacée par ces pensées du dehors qu'elle a d'autant plus tendance à situer dans les marges de son cahier d'écriture qu'elle considère ces pensées venues d'ailleurs comme des pensées impropres qui, au mieux, complexifient les histoires de la philosophie et, au pire, font des histoires à la philosophie qui est alors menacée de perdre le monopole de la pensée.

Par contraste, la philosophie contemporaine a eu tendance à maintenir une séparation entre son propre texte et les autres discours, quitte à laisser la question de l'ordinaire à la marge de son activité. Il est certain que la philosophie moderne s'est en partie constituée dans un creusement des problèmes métaphysiques, avec l'idée, toujours admise et rarement discutée, du déplacement radical, de la différenciation, du renouvellement qui présupposaient, du moins à titre de gloire philosophique, la promesse de l'extraordinaire. Heidegger, Bergson, Deleuze, pour ne citer qu'eux, ont fait du changement l'opération de l'être par excellence comme accomplissement de la vie, comme dépassement de la vie. Un effet extraordinaire en a résulté qui a toujours été l'extraordinaire de la philosophie. Les concepts des philosophes sont alors le miroir de l'Étranger qu'il faut être au prix d'un dessaisissement radical, dont la condition était et reste, pour une large part, une mise entre parenthèses de l'ordinaire. Il existe alors une ambivalence de la philosophie qui exhorte au changement mais qui ramène le changement à la forme thérapeutique d'une amélioration de soi, d'un trajet de « moindre être » vers un « plus être » qui est toujours confronté, en dernière instance, à l'expérience radicale de « ne plus être ». C'est pourquoi la philosophie a souvent pris une forme médicale. Etre une médecine de l'esprit, capable de nous délivrer de nos maux, c'était là toute la philosophie. Face à cette ambivalence de la philosophie moderne, la philosophie contemporaine a réalisé un grand pas en nous délivrant de cette forme médicale qui assignait le changement à résidence. Avec la philosophie contemporaine, il est devenu possible de ne plus rapporter le changement à la perspective d'une amélioration et ainsi d'envisager le changement pour lui-même, dans une valorisation accrue du ressort de l'extraordinaire dans le changement lui-même [1]. La métamorphose heideggerienne de

1. C'est ce ressort de l'extraordinaire qui permet à Catherine Malabou d'envisager l'idée d'un fantastique en philosophie. Cf. *Le Change Heidegger*, Paris, Éditions Léo Scheer, 2004.

l'homme en *Dasein*, l'accès bergsonien au mode d'être héroïque, l'expérimentation deleuzienne des devenirs peuvent bien sûr être compris dans les limites d'une expérience morale nouvelle qui est celle de l'authenticité pour Heidegger, de la sainteté pour Bergson et de la joie pour Deleuze, il n'en reste pas moins que ce sont là des effets indirects d'une nouvelle donne en philosophie qui est une pensée du pur changement et dont le corollaire, magnifiquement exprimé par Heidegger, est une critique de la quotidienneté sur le mode de l'impropriété de l'ordinaire [1] qui rejoint d'ailleurs, à certains égards, la banalité inadéquate de la répétition chez Bergson et le mépris de toute psychologie de l'ordinaire chez Deleuze.

Je ne veux pas suggérer qu'il faille basculer d'une pensée du pur changement qui serait une pensée de l'extraordinaire à une pensée de la répétition qui serait une pensée d'après l'ordinaire. Il est au contraire remarquable que les pensées qui se donnent comme des pensées du pur changement ne peuvent accomplir cette promesse de métamorphose qu'en fonction d'une critique de l'ordinaire qui en révèle ainsi l'impropriété fondamentale. Il reste plutôt à s'interroger sur ce que signifie cette impropriété de l'ordinaire en prenant soin de considérer l'impersonnalité de l'ordinaire non comme un désastre pour l'ordinaire, ce qu'elle pourrait sembler être, mais comme la possibilité même de réorienter l'ordinaire de la philosophie en fonction de l'impropriété de l'ordinaire, c'est-à-dire de l'impossibilité à le personnaliser du fait même de sa radicale étrangeté.

Je peux ainsi formuler le double problème de l'ordinaire et de l'ordinaire de la philosophie, en m'inspirant d'une réflexion

1. Heidegger, *Être et temps*, *op. cit.*, § 27, p. 169-173.

de Cavell, par la question suivante : est-il possible de donner des voix à l'ordinaire sans réduire l'ordinaire à une voix déjà connue ? Là me semble être l'enjeu d'une philosophie d'après l'ordinaire dont la tâche est moins de le déterminer que de lui restituer sa grandeur énigmatique. Car ils sont nombreux les témoins de l'ordinaire qui ne tardent pas à se transformer en juges de l'ordinaire qui affirment, à qui les croit, que l'ordinaire, ce *sont eux*, ou que l'ordinaire, c'*est ça*. Contre cette personnalisation dévastatrice de l'ordinaire, la mise en garde critique de Heidegger me permet au contraire de réaffirmer l'impropriété de l'ordinaire, révélant du même coup son étrangeté fondamentale et obligeant à la modestie de l'interrogation critique qui la prend pour objet. L'ordinaire n'est alors plus susceptible d'une seule voix, dusse-t-elle être philosophique, mais d'un ensemble pluriel d'expériences de pensée, dont aucune ne peut avoir de valeur surplombante mais dont il revient peut-être à la voix philosophique des philosophes de chercher une orientation dans l'ensemble des voix exprimées par toutes les expériences de pensée, non pour les ramener à une philosophie de l'ordinaire, désireuse d'unifier les différents parcours réflexifs en vue de l'élaboration d'un concept de l'ordinaire mais pour pouvoir rectifier la philosophie en fonction de l'ordinaire ainsi parcouru dans les différentes expériences de pensée qui le déterminent et parvenir alors à une nouvelle orientation de la philosophie d'après l'ordinaire. Donner des voix à l'ordinaire, c'est ainsi gager qu'il existe une pluralité de voix qui ne doit pas être le signe d'une unification à venir mais l'affirmation que des puissances hétérogènes produisent le réel comme ensemble hétérogène de puissances.

La philosophie se trouve profondément modifiée dans l'exercice de son cours ordinaire par la question de l'ordinaire. Si l'on accepte que le travail de l'ordinaire puisse préciser l'exercice de la philosophie, il ne peut en résulter qu'une modification substantielle du mobilier de la philosophie. J'entends par là non seulement les meubles, les fournitures mais aussi les pièces, tout ce qui forme l'espace de la philosophie. J'ai déjà défendu l'idée d'une philosophie non seulement ouverte mais même démultipliée. Il y a de la philosophie partout où il y a une expérience de pensée même si la philosophie qui en résulte n'est pas nécessairement, et peut-être même pas prioritairement, la philosophie des philosophes. Je suis convaincu que, loin d'être une déveine pour la philosophie, y compris pour la philosophie des philosophes, y compris pour la métaphysique des philosophes qui peut sembler la Bastille la plus hermétique, la dissémination de la philosophie ne signifie pas l'imminence de sa mort mais la promesse d'un avenir. Il ne faut certes pas retomber dans l'objection du « philosophiste » mais il s'agit de se tenir à la hauteur de vue que réclament les expériences de pensée qui ont lieu hors de la philosophie des philosophes, non pour renier la philosophie des philosophes, ce qui n'aurait aucun sens, mais pour la travailler de l'intérieur des problèmes qui la traversent mais dont elle n'a pas le monopole.

Il est certain, de ce point de vue, que l'ordinaire ne cesse d'être qualifié et requalifié par des savoirs extrêmement différents qui ne se contentent pas d'en déterminer une allure mais peuvent être également conduits à neutraliser les autres allures, au point qu'une expérience de pensée finira alors par devenir hégémonique et tendre à s'instituer implicitement comme la véritable cause de tous les effets philosophiques. Le rôle de la philosophie des philosophes, son ordinaire en somme, est alors, tout en s'orientant dans les différents effets philosophiques des expériences de pensée qui sont en jeu dans les savoirs et les discours de la littérature, des sciences humaines et de la médecine, pour s'arrêter méthodiquement à ces trois domaines, de récuser la position hégémonique que l'effet philosophique d'un régime discursif peut prendre lorsqu'il est livré à sa seule puissance [1], non pour lui substituer la position hégémonique de la philosophie des philosophes mais pour parvenir à construire une orientation (non exclusive donc) dans le pluriel des effets philosophiques. Ainsi la différence entre la philosophie des philosophes et la philosophie des non-philosophes me semble résider, plutôt que dans le caractère philosophique d'une démarche et dans le caractère non philosophique d'une autre démarche, dans le type d'orientation qui est affirmé dans chacune de ces formes de philosophies. Les différentes philosophies produisent des orientations singulières, en partie déterminées par le tranchant d'un point de vue et ses présupposés inévitables. Seulement ces points de vue ne peuvent avoir la même tolérance à l'égard des autres points de vue. Je retrouve la leçon de Canguilhem et l'idée que la philosophie est une évaluation tolérante des valeurs qu'elle ne crée pas, puisqu'elles viennent d'autres expériences de pensée, mais dont elle règle le cours en incorporant ce cours dans son propre ordinaire, sous la forme non d'une police des valeurs mais d'un amour raisonné de ces dernières, amour non exclusif puisqu'il n'a de sens que rapporté à la création des valeurs (métaphysiques, esthétiques,

1. Il suffit de penser à ce que Bourdieu a fait de la sociologie pour que s'éclaire l'analyse.

morales, politiques, rationnelles) que doit par ailleurs produire la philosophie des philosophes si elle veut encore être une philosophie et non simplement une histoire de la philosophie.

La philosophie des philosophes est alors orientation généreuse dans les systèmes particuliers d'orientation de la philosophie des non-philosophes. Plus exactement, elle est, grâce à son propre travail de création des concepts, ouverture permanente aux philosophies des non-philosophes, à ces pensées du dehors qui proposent chacune une orientation particulière refermée sur sa seule cohérence et aussi, parfois, sur son idéologie spécifique. Dans ce contexte, l'histoire de la philosophie acquiert sa vraie valeur de savoir réflexif original, d'expérience de pensée spéciale qui a alors, en vertu de ce que j'ai déjà signalé par ailleurs, toute une série d'effets-philosophies, produisant ainsi une philosophie particulière qui, à la condition de toujours être ramenée à une histoire singulière de la philosophie, ordonnée à un point de vue, c'est-à-dire à un critère d'orientation spécifique et non au fantasme d'une histoire générale des histoires spéciales de la philosophie, crée, comme n'importe quelle autre expérience de pensée, mais pas davantage, une philosophie.

table des matières

Achevé d'imprimer par Corlet Numérique - 14110 Condé-sur-Noireau
N° d'Imprimeur : 113182 - Dépôt légal : novembre 2014 - *Imprimé en France*